Investment

Investment

獨孤求敗

選擇權
獲利祕技

多空盤
都能賺的入門 5 堂課

獨孤求敗————著

選擇權
散戶翻身的希望

　　這是一本寫給選擇權新手的書，希望初學者可以透過此書快速學會選擇權。內容以深入淺出淺顯易懂的方式，來說明「什麼是選擇權」、「如何投資選擇權」，並透過線上教學影片來幫助學習，你只需要按部就班的閱讀，就能學會選擇權。

　　撰寫本書有一個最重要的目的，就是協助讀者賺錢，所以內容偏重實務操作勝過選擇權理論的闡述。撰寫過程中，我把枯燥、複雜的理論都拿掉了，沒有公式也不用算術、沒有眼花撩亂的古怪術語、也沒有變形扭曲的希臘字母，更沒有艱深複雜的選擇權策略。有的是投資觀念、選擇權基礎、看盤眉角、下單技巧和12年的實戰心得。只要有心，這是一本很容易閱讀的書。

　　選擇權是高槓桿的金融商品，操作有槓桿的金融商品，第一件事情是去槓桿。十八般武藝輸給一槍斃命，如果沒有做好防護的話，畢業是遲早的事。我在這市場上看多了紙上富貴的人。投資不能只靠運氣，能夠在市場上長期存活的贏家，靠的絕對不是運氣，而是做好風險管理，才能在運氣不好時，全身

而退。期貨、選擇權、權證、股票融資這幾種有槓桿的金融商品，都要特別留意風險管理，因為槓桿放大了賺錢的速度，同時也放大了賠錢的速度，槓桿放大了人性的貪婪、恐懼與軟弱。不管做任何一筆交易，都問自己一件事情：「**如果這筆交易錯了，我會賠多少**？」答不出來就不能進場。大多數的投資者眼睛只看到獲利，看不到風險，只計算可能會賺多少，不會去計算可能會賠多少。投資的本質是一個交換的過程，用可能的風險去換可能的獲利。你要先決定最多可以輸多少錢，你才能去進行交易，否則你不是在投資，只是在賭博。如果你是剛接觸期貨、選擇權的新手，更要留意「貪婪」和「不認輸」這兩個壞朋友，請遠離他們。前者誘使你買太多；後者讓你捨不得停損，兩個會合力奪光你的財產。

當你掌握了風險，選擇權是一個非常棒的金融商品，它是散戶的希望。你可以利用選擇權買方看對方向可以倍數獲利的特性，設計賺大賠小的獲利方程式；也可以利用選擇權賣方高勝率的特性，讓你建立投資信心。接著就讓我一步一步帶著你進入選擇權的世界吧。

> **註 解**
>
> 本書的線圖和資料來源除了期交所頁面外，均出自於「玉山綜合證券股份有限公司 A⁺ 網路下單平台」。

第1課　認識選擇權　　　　　　　　　　6

選擇權是一個操作靈活的金融商品，不管行情漲、跌、盤都能操作，與其他商品不同，選擇權多出了一個盤整也能賺錢的選項。而選擇權另一個好處，就是可以有很大的槓桿，透過很小的資金，就得到倍數獲利，你只需要技術和一點運氣。

第2課　選擇權基本部位　　　　　　　　60

學習選擇權應從4個基本部位開始學起，這4個基本部位分別是，買進買權BUY CALL、賣出買權SELL CALL、買進賣權BUY PUT、賣出賣權SELL PUT。

第3課　交易第一口選擇權　　　　　　104

投資就是要多做有益的交易，少做無益的交易。重複做好簡單的事就能帶來獲利。從最基本的選擇權4個策略開始了解和投資，快速掌握投資選擇權的訣竅，方向對了，你的努力就能立竿見影。

第4課 開始用券商系統下單

透過實戰說明如何交易第一口賣方和第一口買方,帶出操作的正確觀念,並以實例帶領讀者實際下單,了解下單軟體應怎麼使用,以及注意哪些事情。

第5課 組合單的應用

介紹6種基礎的選擇權組合單。透過組合單,可以讓投資不再是單純的多、空兩種選擇,還可以有同時押多也押空、大漲大跌都能賺的雙BUY策略,以及組出盤整盤也可以賺錢的雙SELL策略,並深入淺出的指出這些組合策略的投資要領。

認識選擇權

選擇權是一個操作靈活的金融商品，不管行情漲、跌、盤都能操作，與其他商品不同，選擇權多出了一個盤整也能賺錢的選項。而選擇權另一個好處，就是可以有很大的槓桿，透過很小的資金，就得到倍數獲利，你只需要技術和一點運氣。

1

選擇權的由來

選擇權起源於17世紀，是當時荷蘭人購買鬱金香的獲利避險和投機工具。那時，鬱金香在荷蘭受到人民的熱愛。擁有美麗的鬱金香一開始只是有錢人的高貴嗜好，後來變成投機分子炒作的商品，投機致富的故事讓全民瘋狂，有人為此一擲千金，甚至還有過一個高級品種的鬱金香球莖換一棟房子的紀錄。一棵普通的鬱金香也需要1000荷蘭盾以上，而1000荷蘭盾是多大的數字？在「鬱金香狂熱」一書中有這樣的描述：「1636年，一棵價值3000荷蘭盾的鬱金香，可以換到 8 隻肥豬、 4 隻肥公牛、 12 隻肥羊、 24 噸小麥、 48 噸裸麥；兩大桶葡萄酒、 4 桶啤酒、2噸奶油、1000磅乳酪、一個銀製水杯、一包衣物、一張附有床墊與寢具的床，外加一艘船。」可見其價值。

鬱金香狂熱

鬱金香是以鬱金香球莖來買賣，一般只有在冬天可以買

賣，然而鬱金香當時受歡迎的程度，使得一年四季都有需求，所以人們想透過在任何時候都能購買和賣出冬天才有的鬱金香球莖來賺取價差。這種「用未來的價格進行交易」的模式，也就是我們現在的期貨交易。當時並沒有正式的證券交易所或是期貨交易所，而是在酒店進行買賣。不一定要用現金買賣，也可以用票據，甚至你只需要付少許的「預付款」就可進行買賣。預付款可以拿你家的家畜、家具、任何可以換錢的東西來支付。這樣一來，鬱金香投機就不僅限於富有的人才能進行，而是小百姓都可以參與，只要你拿得出身邊值錢的東西來抵押當作預付款都可以參加。可以拿雞、拿豬來當作購買鬱金香球莖的預付款，這吸引了農民、麵包師傅、工匠、小販等平民百姓的熱情參與，甚至借錢投機，由於大家的參與讓需求更熱，價格炒得更高，造就了鬱金香狂熱，吹起了超級泡沫，1637年2月價格突然暴跌，城市陷入混亂，有3000人因此負債，有不少人因為破產而自殺。

用極少的成本參與商品未來的行情

這和台灣的房地產不是很像嗎？你只需要購買預售屋並且支付少許的「預付款」就可以參與炒房，1000萬的房子只要付訂金20萬就能擁有。短線投機客在房子交屋之前就賣掉手上的預售屋，買空賣空賺進價差。台灣有一群投機客就是利用預售屋在炒作房地產。熱絡的時候，更是在建商的銷售中心還沒蓋好，也尚未開張，就有投機客敲門詢價下訂單。不過炒房比炒

股還沒良心，房子是人民生活必需品，炒房是將自己的快樂建築在別人的痛苦上，得利者是投機客，受害者是全國人民，是買不起房不敢生小孩的下一代。

　　購買預售屋的「預付款」、購買鬱金香球莖的「預付款」就是選擇權買方，用極少的成本參與商品未來的行情，在合約到期結算前轉讓合約，買空賣空賺價差。

　　目前在台灣投資市場上最熱門的選擇權買方概念的商品有兩個：

❶ 台指選擇權

❷ 權證

而本書要進一步討論的是台指選擇權。

2 選擇權是零和遊戲

選擇權是無中生有的金融遊戲，任何時候贏錢方賺錢的數字和輸錢方賠錢的數字加起來要等於零。而選擇權之所以特殊，是因為它不像一般金融商品如股票、期貨、ETF等，只有分成多、空兩個象限，看漲、看跌很單純。

|空|多|

一般金融商品只有多空兩象限。但選擇權不同，在看多的象限內，又分成「看漲（BUY CALL）vs.看不漲（SELL CALL）」；在看空的象限內，分成「看跌（BUY PUT）vs.看不跌（SELL PUT）」，因此選擇權被切分成4個象限，這是選擇權和其他金融商品最不同的地方，也是新手剛開始學習選擇權的時候要先弄懂的地方。別擔心，這一點都不難，讓我來教你。

選擇權有4個象限

| 看跌BUY PUT | 看漲BUY CALL |
| 看不跌SELL PUT | 看不漲SELL CALL |

「看漲VS.看不漲」

　　以台指期選擇權舉例，假設現在台指指數在8043點，有人認為指數會漲過8400，這個時候另外一個人認為台指指數不可能漲過8400，於是這兩個人可以湊成一對做交易。他們交易的商品是履約價為8400的CALL。認為行情會漲過8400的投資人當買方，也就是BUY CALL，認為行情不可能漲到8400的投資人當賣方，也就是SELL CALL，如下圖表示，這樣是不是很直覺呢？

| 看漲過 8400　 BUY CALL 8400 |
| 看不漲過 8400　 SELL CALL 8400 |

▲ 圖 1-1　台指在 8043 的時候，對未來行情的預測

▲ 圖 1-2　一圖各表，多空各有人買單

　　當然，除了 8400 以外，認為行情會漲過 8300 的人 BUY CALL 8300 和認為行情不可能漲過 8300 的人 SELL CALL 8300 湊成一對；認為行情會漲過 8500 的人 BUY CALL 8500 和認為行情不可能漲過 8500 的人 SELL CALL 8500 湊成一對，依此類推，不同履約價市場上都有看漲的人和看不漲的人對作。

8100〜8800「看漲vs.看不漲」列表如下：

買方		履約價	賣方	
含意	交易部位		交易部位	含意
看漲過8100	BUY CALL 8100	8100	SELL CALL 8100	看不漲過8100
看漲過8200	BUY CALL 8200	8200	SELL CALL 8200	看不漲過8200
看漲過8300	BUY CALL 8300	8300	SELL CALL 8300	看不漲過8300
看漲過8400	BUY CALL 8400	8400	SELL CALL 8400	看不漲過8400
看漲過8500	BUY CALL 8500	8500	SELL CALL 8500	看不漲過8500
看漲過8600	BUY CALL 8600	8600	SELL CALL 8600	看不漲過8600
看漲過8700	BUY CALL 8700	8700	SELL CALL 8700	看不漲過8700
看漲過8800	BUY CALL 8800	8800	SELL CALL 8800	看不漲過8800

▲ 表 1-1

「看跌 vs.看不跌」

相對於看漲vs.看不漲的組合，看跌vs.看不跌的組合是對於行情下跌與否的預期。台指指數在8043，有的人認為指數可能會下跌，認為會下跌可以買選擇權商品，就是BUY PUT。假設履約價選擇7600，就是BUY PUT 7600 表示認為行情會跌破7600 點，同一時間，市場上另外有一個投資人認為台指指數不會跌破7600，他可以當賣方，就是SELL PUT 7600這個商品，於是這兩個人看法顛倒湊成一對對作。

看跌破 7600	BUY PUT 7600
看不跌破7600	SELL PUT 7600

▲ 圖1-3　台指在8043的時候，對未來行情的預測

▲ 圖1-4　看跌破7600 vs.看不跌破7600

3

投資選擇權的好處

門檻低任何人都能投資

投資台指選擇權需要多少錢？選擇權有分買方和賣方，一般人對於投資選擇權所需的金額印象是，**買方需要很少的錢，適合散戶；賣方需要很多錢，是有錢人的投資商品。**其實，投資選擇權買方和賣方所需的錢都不多。購買一單位的選擇權買方所需資金從幾百元到幾千元。賣出一單位的選擇權賣方並不貴，大部分落在1萬到2萬5中間，就像是購買一張十幾二十塊的股票一般，你說會貴嗎？投資選擇權的門

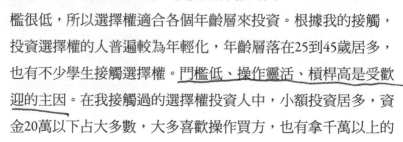

檻很低，所以選擇權適合各個年齡層來投資。根據我的接觸，投資選擇權的人普遍較為年輕化，年齡層落在25到45歲居多，也有不少學生接觸選擇權。門檻低、操作靈活、槓桿高是受歡迎的主因。在我接觸過的選擇權投資人中，小額投資居多，資金20萬以下占大多數，大多喜歡操作買方，也有拿千萬以上的

資金來投資選擇權，但比例算少（個位數百分比），大資金投資者多以賣方操作居多。這可能和錢小求翻倍，錢多求保本的想法有關。

選擇權是值得推廣的金融商品，本金小門檻低，多空操作靈活好處多。我經常透過部落格、臉書分享選擇權知識和相關交易文章，也時常舉辦講座和分享會，我常說：「小資也能投資選擇權賣方，這不是有錢人的遊戲，10萬就能賣5口，你的投資口數可以有1口到5口的變化，10萬就可以玩注碼的縮放，10萬就有機會一個月賺一間套房6000元的租金收入。現在要當包租公投報率都很差，因為房價炒得太高，一年能有4%投報率就很不錯，而投報率高達7%，則算是極品，提燈籠都不好找。以上的趴數都是年投報率，對，年投資報酬率。而且剛剛說的投報率4～7%是指台北以外的縣市，如新竹、桃園、台中、台南、高雄、花蓮等地。台北市的房子投報率只剩下可憐的2%，付銀行利息剛剛好。比起來，選擇權的潛在投報率高多了。當然投資有賺有賠，在還沒有穩定獲利之前，建議先拿一些錢來練習。10萬是一個理想的數字，這也可以讓你選擇投資賣方或買方。

如果投資選擇權價差單，門檻更低，一組月選擇權差100點的賣方價差組合單，只需要5000元保證金，一組週選擇權差50點的賣方價差組合單，只需要2500元的保證金，用價差組合單操作賣方1萬有找，門檻低到學生都可以投資，比學生手上拿的手機還便宜，拿手機玩手遊，人生不會改變，學投資會。

而最好的學習方式就是拿錢投資，真槍實彈學最快。

你要怎麼知道你想操作的選擇權買方或是選擇權賣方需要多少錢？我來算給你看。買方和賣方計算方式不同，演算如下：

操作買方需支付權利金，其權利金的計算為，以1點50元計算，你會看到當天交易的報價系統中的成交欄，有其乘數，也就是成交價，而成交價的單位是點數，1點50元，故所需權利金則為「成交價× 50元」

而操作賣方需支付的保證金，其計算方式則為，

保證金＝權利金市值＋MAXIMUM（A值－價外值,B值）

A值 22000、B值11000（此處A、B值固定，A、B值期交所可以調整）

CALL價外值：MAXIMUM〔（履約價格–標的指數價格）× 契約乘數,0〕

PUT價外值：MAXIMUM〔（標的指數價格–履約價格）×契約乘數,0〕

以下為2016年10月17日選擇權的T字報價表，這裡顯示CALL和PUT不同履約價當買方所需的權利金和當賣方所需的保證金。這一天台指收盤價9166，台股收盤價9176.22，要以台股收盤價來計算保證金。

日期	2016/10/17		台指	9166	台股	9176.22
	CALL				**PUT**	
權利金	保證金	成交	履約價	成交	保證金	權利金
29000	51000	580	8500	0.3	11015	15
26750	48750	535	8600	0.4	11020	20
23150	45150	463	8700	0.5	11025	25
18400	40400	368	8800	0.7	11035	35
13400	35400	268	8900	1.1	11055	55
10900	32900	218	8950	1.5	11075	75
8600	30600	172	9000	4	13390	200
6250	28250	125	9050	8.3	16105	415
4200	26200	84	9100	17.5	19065	875
2500	24500	50	9150	34	22390	1700
1475	22286	29.5	9200	61	25050	3050
700	19011	14	9250	97	26850	4850
305	16116	6.1	9300	139	28950	6950
105	13416	2.1	9350	185	31250	9250
25	11025	0.5	9400	237	33850	11850
15	11015	0.3	9450	278	35900	13900
10	11010	0.2	9500	337	38850	16850
10	11010	0.2	9600	461	45050	23050
10	11010	0.2	9700	520	48000	26000

▲ 表1-2

例：

8900 CALL **買方**權利金 = 268 × 50 = 13400

8900 CALL **賣方**保證金計算：

首先指數在 9176.22 ，9176.22大於履約價8900，對於看多的

CALL來說，8900 CALL 為價內的合約，所以沒有價外值。

保證金 = 權利金市值＋**MAXIMUM**（A值－價外值, B值）

　　　= **13400 + MAXIMUM**（A值－0, B值）

　　　= **13400 + MAXIMUM**（22000－0, 11000）

　　　= **13400 + 22000**

　　　= **35400**

例：

9300 CALL 買方權利金 = 6.1 × 50 = 305

9300 CALL 賣方保證金計算，

　　首先指數在 9176.22，9300 大於 9176.22，對於看多的 CALL來說，9300 為價外合約，有價外值。

CALL價外值 = MAXIMUM〔（履約價格－標的指數價格）×

　　　　　　契約乘數,0〕

　　　　= **MAXIMUM**〔（9300－9176.22）×50,0〕

　　　　= **6189**

保證金 = 權利金市值＋**MAXIMUM**（A值－價外值, B值）

　　　= **305 + MAXIMUM**（22000－6189, 11000）

　　　= **305 + 15811**

　　　= **16116**

　　由以上計算可以看到，交易台指選擇權的門檻相較其他商品是較低的。另外要補充的是，**以上的數字有些券商的看盤軟體會幫你算出來，可在T字報價表上看到，不需透過計算，當你要交易的時候，可以直接透過看盤軟體查找，下單即可。**

漲、跌、盤都能賺

選擇權不只多空能賺，連盤整無行情都能賺，我只能說發明選擇權的人是個天才，讓選擇權可以做多、做空、做盤整。世界上除了選擇權可以在盤整盤賺錢外，沒有其他的金融商品有此特性。股票、期貨、ETF、基金都是低買高賣賺價差，沒有行情的盤整盤、甚至價格固定不變動的走勢是不會賺錢的，沒有價差變化哪來的「低買高賣賺價差」，選擇權可以透過賣方部位，在盤整無行情的時候，收取時間價值的收斂，這就是選擇權獨一無二的地方！選擇權上漲、下跌、盤整都能賺，涵蓋了所有走勢的可能性，只要懂選擇權，沒有不能賺的盤。

選擇權讓我漲、跌盤都能賺!!

以下列出幾個選擇權基本策略和適用的盤勢，從這個表中，可以看到選擇權的交易優勢——漲、跌、盤都能賺。

賺錢的盤型	選擇權策略	交易部位
走勢上漲，最好是大漲	買進買權	BUY CALL
走勢下跌，最好是大跌	買進賣權	BUY PUT
盤整或下跌	賣出買權	SELL CALL
盤整或上漲	賣出賣權	SELL PUT
大漲或大跌	雙BUY策略	BUY CALL + BUY PUT
區間盤整	雙SELL策略	SELL CALL + SELL PUT

▲表1-3

賺錢速度快

選擇權有個迷人的地方，就是它賺錢速度很快，這對於大多數人來說，是難以拒絕的吸引力。股票漲一倍需要多久？半年時間；選擇權漲一倍需要多久？有波動時，一天內就能漲一倍。一天vs.半年，大大縮短財富累積的時間，這就是選擇權的魅力。

投資人喜歡選擇權是因為它像買彩券一樣，一券在手希望無窮。有波動的時候，選擇權買方一天可能可以上漲100%、200%、500%甚至1000%，這是目前台灣官方所發行的金融商品中槓桿最高的。有一次受元大期貨的邀約到高雄辦投資分享講座，遇見一位粉絲，一位剛畢業的學生，他在下課後手舞足蹈很興奮的跟我說他在11/9川普贏得總統選舉那天賺了200萬，他只買幾萬，興奮之情有如中頭彩。的確，在選擇權市場創造了不少幸運兒，給讀者一個大致上的概念，平均台指期每往上或往下走120點，週選擇權就有機會翻一倍，但並不是120點就一定翻一倍，這只是個大致上的概念。這個翻倍的倍數跟履約價的遠近、行情行走的距離、波動率的高低以及距離到期時間長短有關，概念是如果加權指數（台指期指數）能夠在很短時間內走很遠的距離，那麼選擇權買方就可以翻很多倍，而且越靠近到期日選擇權買方翻倍的速度越快，例如川普當選那天行情跌了400點，週選擇權BUY PUT有的合約翻了快100倍，所以為什麼會有週三買樂透這句話，就是因為相同的漲跌幅，在週三結算那天選擇權的價格翻倍翻得最多，這個時候買選擇權

買方有如買樂透，11/9川普贏得選舉這天剛好是禮拜三。然而不是週三買樂透都會賺，若是這樣世上就沒有窮人，買方要會賺錢最主要還是要有行情，也就是要有足夠的波動，如果週三沒有行情買方會輸得一塌糊塗，實際上每天都有機會，我們不能規定行情出現在禮拜幾，只是如果行情出現又恰巧接近到期日，那麼翻倍的速度會更快。所以買方要賺錢的前提是：**判斷今日是否出現行情（大波動）的能力**。如果你有能力判斷今天有行情，那麼請用力做買方，如果你判斷今天是盤整盤，就不用做買方了，買方在盤整盤很難賺到錢，你要改做賣方收取時間價值的收斂。至於要怎麼判斷今日是否是趨勢盤還是盤整無行情盤，是有方法可以加以判斷的。請讀者注意，買方快速翻倍只會出現在有行情的時候，在盤整盤無行情的時候買方是吃虧的。我們要在對的時候選擇對的策略，不挑剔的進場做買方只會損兵折將勞神傷財。

到底選擇權的價格變動是什麼樣子，大盤（台指期）漲跌100點，選擇權的價格會漲跌多少點？期貨價格跟選擇權價格之間的關係是什麼？與其說理論，不如讓我舉實例給大家看。我們來看幾個例子，這些例子都是在當天出現長紅K和長黑K，最好漲跌幅超過100點以上，我們去查詢這天的選擇權報價，而過去的歷史資料可以到期交所查詢。

❶ 2016/6/24 台指期下跌272點，PUT當天最高曾經達到漲
   16.27倍

▲ 圖1-5

　　這天台指期開盤價 8500、收盤價8238、最高價8553、最低
價8140、前天台指期的收盤價為8510。

　　看這一天的「選擇權行情簡表」PUT的報價如下：

到期月份（週期）	履約價	最高	最低	最後成交價	結算價	漲跌	成交量	未平倉
				賣權				
201606W5	8100	57	3.3	29	29	▲+23.6	42023	11689
201606W5	8200	84	5.2	42	42	▲+34.1	56805	12528
201606W5	8300	125	7.8	67	67	▲+52	57580	18118
201606W5	8400	176	16	106	106	▲+78	47492	13571
201606W5	8450	207	23	134	134	▲+96.5	31320	7072
201606W5	8500	246	32.5	167	167	▲+118	42122	7197
201606W5	8550	348	6.4	205	205	▲+141	33618	6532
201606W5	8600	335	60	245	245	▲+163	27801	5075
201606W5	8650	379	78	287	287	▲+183	17906	3110
201606W5	8700	420	100	341	335	▲+213	4106	667
201607	7500	54	5	34.5	34.5	▲+27.2	18804	12947
201607	7600	68	7	42	42	▲+32.5	19757	11013
201607	7700	84	10.5	54	54	▲+40	26075	19604
201607	7800	105	16	68	68	▲+49.5	26546	18914
201607	7900	130	22	85	85	▲+58.5	30384	20830
201607	8000	160	30.5	108	108	▲+72.5	43634	20807
201607	8100	199	41.5	138	138	▲+90	28416	16121
201607	8200	239	57	173	173	▲+108	27747	17848
201607	8300	293	75	216	216	▲+126	26362	17080
201607	8400	351	102	267	267	▲+148	17146	15227
201607	8500	418	136	333	333	▲+177	10834	10254

▲ 表1-4

　　週選擇權8100的PUT 最低價是3.3，最高價來到57，翻了16.27倍，台指期的最高價8553和最低價8140的價差為 413點，也就是當天台指期從最高價8553跌到最低價8140，這413點的價差讓選擇權8100PUT合約當天最高曾經達到漲16.27倍。

　　8100的PUT最低價是3.3，收盤價是29，翻了7.8倍，台指期的最高價8553和收盤價8238的價差為 315點，台指期下跌315點選擇權8100PUT合約翻了7.8倍。

　　下跌315點，也就是跌到8238點時，8100的PUT漲了7.8倍，再多跌大約100點，也就是8140時，則變成漲16倍，選擇權的價格不是線性的，是加速度的。當你持有選擇權買方，行情在奔馳的時候，越後段獲利的數字跳動得越大，好像下坡踩油門，車子越跑越快，你似乎會聽見你怦怦的心跳聲。

　　台指期8553到8140下跌 413點跌5.07%，週選擇權PUT各主要履約價的上漲百分比如下：

到期月份（週期）	履約價	最高	最低	百分比
201606W5	8100	57	3.3	1627.27%
201606W5	8200	84	5.2	1515.38%
201606W5	8300	125	7.8	1502.56%
201606W5	8400	176	16	1000.00%
201606W5	8450	207	23	800.00%
201606W5	8500	246	32.5	656.92%
201606W5	8550	348	6.4	5337.50%
201606W5	8600	335	60	458.33%
201606W5	8650	379	78	385.90%

▲ 表1-5

　　以這個案例來看台指期跌5%換選擇權PUT上漲385～1627%，槓桿77～325倍，很驚人的數字。這已經不是股票或權證可以比的，選擇權很適合放空，在下跌的時候可以創造驚人的報酬。你可以用選擇權BUY PUT來替你的股票部位避險，它本小利大，你可以買選擇權BUY PUT當樂透，有機會在股市大跌的時候中大獎。

❷ 2016/8/25 台指期上漲 116 點，CALL 當天最高曾經達到漲
　 2.56 倍

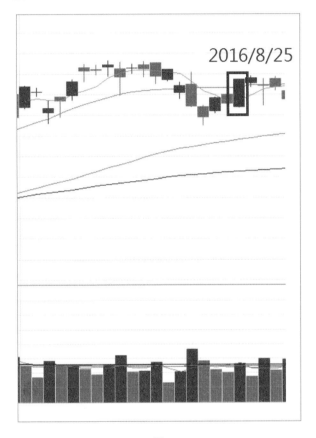

▲ 圖 1-6

　　這天台指期開盤價 8942、收盤價9070、最高價9073、最低
價8939、前天台指期的收盤價為8954。

　　看這一天的「選擇權行情簡表」CALL的報價如下：

買權								
到期月份 (週別)	履約價	最高	最低	最後成交價	結算價	漲跌	成交量	未平倉
201608W5	8900	220	114	220	220	▲+94	1274	321
201608W5	8950	171	81	170	170	▲+80	6106	1354
201608W5	9000	129	51	129	129	▲+69	16750	3636
201608W5	9050	90	31.5	90	90	▲+53.5	24280	5186
201608W5	9100	57	16	56	56	▲+36	28179	7117
201608W5	9150	32.5	7.7	32.5	32.5	▲+22.8	29890	10602
201608W5	9200	16.5	2.6	16.5	16.5	▲+12	18594	7690
201608W5	9250	7.1	1.6	6.9	6.9	▲+5	15500	8872
201608W5	9300	2.2	0.7	2	2	▲+1	20616	17683
201608W5	9400	0.5	0.3	0.4	0.4	0	438	1749
201609	8200	855	805	850	875	▲+90	98	1231
201609	8300	715	705	715	780	▲+50	43	270
201609	8400	680	570	680	680	▲+115	72	2191
201609	8500	570	474	570	585	▲+98	70	373
201609	8600	473	406	468	486	▲+87	241	4111
201609	8700	398	294	394	394	▲+96	684	2133
201609	8800	311	214	310	307	▲+89	949	6823
201609	8900	232	142	228	228	▲+74	4391	5142
201609	9000	161	91	159	159	▲+59	10078	15240

▲ 表 1-6

　　到期月份寫201608W5 代表2016年8月第五週的合約，是
週選擇權合約。201609代表是2016年9月到期的合約，是月選
擇權。讀者可以比較月選擇權和週選擇權，同樣的行情週選擇
權的漲幅比月選擇權大。月選擇權9000CALL的價格從91漲到
161 ，漲幅77%，週選擇權9000CALL的價格從51漲到129，漲
幅153%。由此可知，**操作買方週選擇權的槓桿比月選擇權槓
桿大**。

範 例

台指期上漲116點，週選擇權漲多少倍？

週選擇權9050 CALL價格從31.5漲到90，9100 CALL價格
從16漲到57，週選擇權8900～9300各合約的漲幅我將它
列表如下：

到期月份（週期）	履約價	最高	最低	百分比
201608W5	8900	220	114	92.98%
201608W5	8950	171	81	111.11%
201608W5	9000	129	51	152.94%
201608W5	9050	90	31.5	185.71%
201608W5	9100	57	16	256.25%
201608W5	9150	32.5	7.7	322.08%
201608W5	9200	16.5	2.6	534.62%
201608W5	9250	7.1	1.6	343.75%
201608W5	9300	2.2	0.7	214.29%

▲ 表1-7

我們觀察到台指期上漲116點，週選擇權有機會翻1～5倍。

❸ 2016/9/7 台指期上漲102點，CALL當天最高曾達20倍

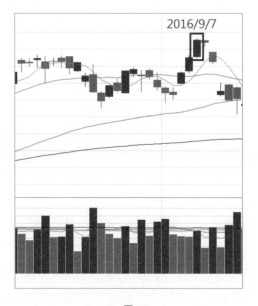

2016/9/7

▲ 圖1-7

這天台指期開盤價9156、收盤價9253、最高價9262、最低價9150、前天台指期的收盤價為9151。

這天「選擇權行情簡表」CALL的報價如下：

買權								
到期月份 (週別)	履約價	最高	最低	最後成交價	結算價	漲跌	成交量	未平倉
201609W1	9050	221	121	212	-	▲+87	3749	3154
201609W1	9100	171	76	161	-	▲+83	10117	5970
201609W1	9150	120	36	111	-	▲+75	41948	11218
201609W1	9200	71	9.3	61	-	▲+50	110796	15118
201609W1	9250	21.5	1	11	-	▲+8.9	139084	18809
201609W1	9300	1.6	0.1	0.1	-	▼-0.5	17474	14791
201609W1	9350	0.4	0.1	0.1	-	▼-0.2	985	2152
201609W1	9400	0.2	0.1	0.1	-	▼-0.1	244	1455
201609W1	9450	0.1	0.1	0.1	-	0	41	21
201609W1	9500	0.2	0.1	0.2	-	▲+0.1	326	416
201609W2	9050	231	161	226	226	▲+80	129	83
201609W2	9100	188	113	183	183	▲+72	376	195
201609W2	9150	148	81	142	142	▲+61	954	337
201609W2	9200	110	54	106	106	▲+50	3735	1328
201609W2	9250	78	36	74	74	▲+36.5	7248	2259
201609W2	9300	51	22	49.5	49.5	▲+25.5	7625	2885
201609W2	9350	31	11.5	30	30	▲+15.5	6013	3040
201609W2	9400	17.5	6.2	16	16	▲+7.7	6898	4454
201609W2	9450	9	3	7.7	7.7	▲+3.2	6251	3198
201609W2	9500	4.5	1.5	2.9	2.9	▲+0.6	6243	3984

▲ 表1-8

　　這天是週三，是上一週週選擇權的結算日，也是下一週週選擇權的起始日，我用藍色和紅色兩個框框分別標示兩區週選擇權合約。結算這天太遠的履約價沒有結算價值，權利金價格都會歸零，9300以上合約報價都是0.1，表示BUY CALL 9300、BUY CALL 9350、BUY CALL 9400、BUY CALL 9450、BUY CALL 9500的投資人都會賠錢。同樣的合約，若是買下週三結算的週選擇權，BUY CALL 9300 ～ BUY CALL 9500 都會賺錢，結算日不同命運不同，請投資人注意一下。

這天台指期上漲102點，週選擇權買方有1～20倍的報酬率，相當驚人。

到期月份（週期）	履約價	最高	最低	百分比
201609W1	9050	221	121	82.64%
201609W1	9100	171	76	125.00%
201609W1	9150	120	36	233.33%
201609W1	9200	71	9.3	663.44%
201609W1	9250	21.5	1	2050.00%
201609W1	9300	1.6	0.1	沒有結算價值
201609W1	9350	0.4	0.1	沒有結算價值
201609W1	9400	0.2	0.1	沒有結算價值
201609W1	9450	0.1	0.1	沒有結算價值

▲ 表1-9

❹ 2016/9/19 台指期上漲274點 ，CALL 當天最高曾經達到漲13倍

▲ 圖1-8

　　這天台指期開盤價8949、收盤價9149、最高價9158、最低價8947、前天台指期的收盤價為8875。

　　這天「選擇權行情簡表」CALL的報價如下：

買權								
到期月份 （週別）	履約價	最高	最低	最後成交價	結算價	漲跌	成交量	未平倉
201609	8700	450	234	443	450	▲+247	238	1630
201609	8750	392	156	392	400	▲+239	66	193
201609	8800	357	150	347	350	▲+233	3824	6612
201609	8850	307	119	301	301	▲+219	1997	439
201609	8900	260	81	251	251	▲+197	17225	7195
201609	8950	209	50	197	202	▲+162.5	13696	3436
201609	9000	161	28	153	153	▲+132.5	54498	18737
201609	9050	115	15	108	108	▲+96	37321	6676
201609	9100	75	6.3	69	69	▲+62	75955	36941
201609	9150	42.5	3	39	39	▲+34.7	49094	14202
201609	9200	22	1.2	19	19	▲+16.4	59878	36278
201609	9300	4	0.5	4	4	▲+2.5	37109	41894
201609	9400	0.8	0.1	0.8	0.8	▲+0.2	7478	29238
201609	9500	0.5	0.1	0.5	0.5	▼-0.1	3718	30711
201609	9600	0.3	0.1	0.3	0.3	▼-0.1	137	14678
201609	9700	0.2	0.1	0.2	0.2	▼-0.1	896	13508
201609	9800	-	-	-	0.2	-	0	8850
201609	9900	0.2	0.1	0.2	0.2	0	401	6304
201609	10000	-	-	-	0.1	-	0	6713

▲ 表 1-10

　　讀者可能會注意到以上只有月選擇權報價，沒有週選擇權報價，因為9月19日這週就是結算週，**結算週不會另外推出週選擇權，因為這週近月選擇權交易日只到下週三就結束，所以近月選擇權本身就是週選擇權**。這一天雖然台指期上漲274點，但是開盤就跳空上漲74點，當天開盤後的漲幅是200點，

在開盤以後走200點的距離之下週選擇權可以漲多少倍呢？觀察下表，可以漲92～1316%，非常可怕的報酬率。買樂透不如買週選擇權，買樂透純靠運氣沒有獲利方程式，選擇權有！

到期月份（週期）	履約價	最高	最低	百分比
201609	8700	450	234	92.31%
201609	8750	392	156	151.28%
201609	8800	357	150	138.00%
201609	8850	307	119	157.98%
201609	8900	260	81	220.99%
201609	8950	209	50	318.00%
201609	9000	161	28	475.00%
201609	9050	115	15	666.67%
201609	9100	75	6.3	1090.48%
201609	9150	42.5	3	1316.67%

▲ 表1-11

筆記 選擇權歷史報價哪裡查？

選擇權歷史報價要去哪裡查？券商是查不到的，可能由於資料量太過龐大的關係，券商不會留選擇權歷史報價。券商只會保留正在交易的選擇權商品報價，已經結算完的選擇權報價資料是查不到的。唯一可以公開讓投資人免費查到的選擇權歷史報價資料是在期交所，而期交所也只有簡單記錄每天的選擇權各履約價的最高價、最低價、開盤價、收盤價這4個價格，沒有每分每秒的詳細報價。

查詢路徑為

· 期交所網站 / 交易資訊 / 盤後資訊 /
選擇權 /選擇權每日交易行情查詢

· 期交所網站 / 交易資訊 / 盤後資訊 / 選擇權 /選擇權每日交易行情簡表

▲ 圖1-9

其中「選擇權每日交易行情」所揭露的資訊比較多，它會列出每一個履約價商品的報價，除了開、高、低、收4個報價外，還有歷史高低價等資訊。揭露的資料欄位如下圖：

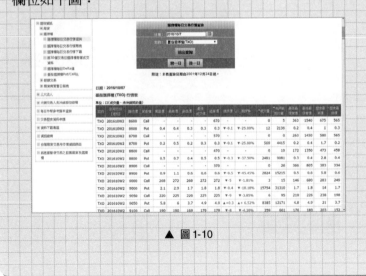

▲ 圖1-10

　　而「選擇權每日交易行情簡表」只會列出成交量較大、較重要的選擇權商品報價，其他省略，揭露的資訊也比較少。「選擇權每日交易行情簡表」如下：

臺指選擇權(TXO)(行情簡表)　　　　　　　　　　　　　　　日期:2016/10/7

到期月份 (週別)	履約價	最高	最低	最後成交價	結算價	漲跌	成交量	未平倉
201610W2	9050	225	220	225	225	▼-9	6	95
201610W2	9100	190	169	179	179	▼-8	259	661
201610W2	9150	146	126	135	135	▼-5	554	887
201610W2	9200	108	88	94	94	▼-7	4037	2424
201610W2	9250	73	56	60	60	▼-7	10581	8488
201610W2	9300	44.5	32	35	35	▼-5.5	17311	10030
201610W2	9350	23	16	17.5	17.5	▼-4	16284	13069
201610W2	9400	10.5	6.1	6.9	6.9	▼-2.4	10103	9938
201610W2	9450	3.6	2.1	2.4	2.4	▼-1.4	5542	6486
201610W2	9500	0.9	0.4	0.5	0.5	▼-0.4	7782	15545
201610	8300	-	-	-	950	-	0	146
201610	8400	-	-	-	850	-	0	175

▲ 圖 1-11

看錯也能賺

選擇權賣方，看錯方向也有機會賺。

操作選擇權是要判斷台指期（或加權指數）的價格走勢未來漲跌，判斷正確就能賺錢。選擇權還有一個特性，就是方向看錯也能賺，這發生在賣方身上。在盤整盤的時候賣方會賺錢，反之買方會賠

還好我做賣方，看錯也有機會賺

錢。所以投資選擇權很重要的一點是，你是否可以判斷行情走勢是盤整還是趨勢，如無法判斷那很簡單，就操作選擇權賣方，因為**賣方看對方向一定賺，看錯方向未必賠**。操作選擇權賣方看錯方向，如果是小跌小漲或盤整，賣方一樣可以賺錢，這就是選擇權的特性。記住，若你能判斷趨勢盤出現，可以用買方放大獲利，若你判斷進入盤整盤，請切換成賣方交易，若您無法精準判斷行情會往哪裡走，那麼可以操作賣方，因為賣方是只需要方向大概正確就可以，不用很精準，賣方是勝率最大的投資商品。當你SELL PUT，也就是偏多操作，則行情小漲、大漲你都會賺錢，這是因為你做多以後行情上漲，這是本來就應該賺的錢，更棒的是盤整你也賺，甚至小跌你也賺，行情先上漲再跌回原點你也賺錢。後面3種盤型並不是往上漲你都能夠從中獲利，這就是選擇權賣方，方向不要錯得太離譜就能賺錢，選擇權賣方會賺錢的盤型非常多。當你SELL CALL，

也就是偏空操作，則行情小跌、大跌你會賺錢，這是因為方向看對所以賺錢，但是盤整你也能夠賺錢，甚至看錯方向行情小漲你也會賺錢，行情先下跌再走回原點你也賺錢！有這麼多種情況你都會賺錢，真是太棒了，不是嗎？

操作選擇權賣方只要權利金變小就能賺錢，影響權利金變大或變小的因子很多，教科書多以希臘字母來解釋，有的因素讓權利金變大，有的因素讓權利金變少，我不想在此深入探討這些因素彼此交互消長的關係，這只會讓初學者頭暈、讓讀者逃跑，我要以最直覺最簡單的方式告訴你什麼樣的情況你手上的選擇權賣方會賺錢，請記住以下賣方會賺錢的盤型：

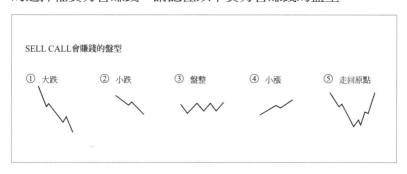

▲ 圖1-12　SELL CALL 會賺錢的盤型

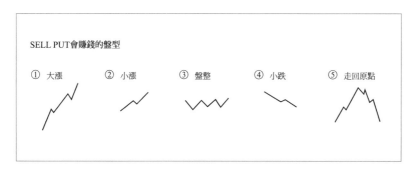

▲ 圖1-13　SELL PUT 會賺錢的盤型

　　我們來舉實例讀者就會明白，以下我們來看一些例子。

　　2016/7/5台指下跌22點、2016/8/2台指期下跌28點、2016/8/9台指期上漲1點，這些漲跌不多，又是震盪整理盤的日子買方會賠錢。

❶ 2016/7/5星期二台指下跌22點，當日收十字震盪盤

▲ 圖 1-14

　　這天開盤價8600、收盤價8610、最高價8635、最低價8567、振幅0.79%、前天收盤價8632。

　　這天「選擇權行情簡表」CALL的報價如下：

　　行情下跌 CALL的報價都會下跌。

買權								
到期月份 （週別）	履約價	最高	最低	最後成交價	結算價	漲跌	成交量	未平倉
201607W1	8500	228	186	216	213	▼-12	434	1414
201607W1	8550	181	136	161	163	▼-21	847	5173
201607W1	8600	134	90	113	113	▼-22	2758	5527
201607W1	8650	91	54	72	72	▼-18	20324	8238
201607W1	8700	54	26.5	36	36	▼-18	45646	16440
201607W1	8750	26	9.8	13.5	13.5	▼-13.5	37441	16148
201607W1	8800	9.2	2.8	3.5	3.5	▼-6	24048	16294
201607W1	8850	2.5	0.3	0.3	0.3	▼-2.6	12317	14643
201607W1	8900	0.5	0.1	0.2	0.2	▼-0.3	402	15230
201607W1	8950	-	-	-	0.1	-	0	1380
201607	7800	-	-	-	810	-	0	299
201607	7900	-	-	-	710	-	0	416
201607	8000	630	580	610	610	▼-25	6	659
201607	8100	540	480	515	515	▼-25	116	1063
201607	8200	437	385	422	419	▼-22	26	2275
201607	8300	350	294	327	327	▼-24	697	4675
201607	8400	263	211	243	243	▼-20	1260	6658
201607	8500	184	139	166	166	▼-19	2498	15900
201607	8600	116	83	101	101	▼-17	7156	15444
201607	8700	67	44.5	55	55	▼-14	8201	21643

▲ 表 1-12

　　這天「選擇權行情簡表」PUT的報價如下：

　　PUT報價則是有的上漲有的下跌。

賣權								
到期月份 (週期)	履約價	最高	最低	最後成交價	結算價	漲跌	成交量	未平倉
201607W1	8500	3.3	0.9	0.9	0.9	▼-1.9	6509	19743
201607W1	8550	5.7	1.5	1.5	1.5	▼-2.7	19967	24013
201607W1	8600	11.5	3.7	3.7	3.7	▼-3.8	28478	24880
201607W1	8650	25.5	8.5	11	11	▼-3	29474	19561
201607W1	8700	47.5	18.5	24.5	24.5	▼-1.5	41287	19822
201607W1	8750	81	40	52	52	▲+3.5	22453	6691
201607W1	8800	124	77	91	91	▲+11	5017	2378
201607W1	8850	169	123	136	136	▲+12	700	362
201607W1	8900	204	171	181	186	▲+10	34	90
201607W1	8950	-	-	-	236	-	0	23
201607	7800	3.3	2.2	2.4	2.4	▼-0.4	1529	20370
201607	7900	4.5	2.9	2.9	2.9	▼-0.9	3034	21605
201607	8000	5.9	3.9	4.2	4.2	▼-0.6	3776	29547
201607	8100	9.7	5.5	5.9	5.9	▼-1.1	3452	27698
201607	8200	14.5	9.6	9.8	9.8	▼-2.2	9682	25180
201607	8300	25	16.5	18	18	▼-1	7764	20849
201607	8400	42	29	31.5	31.5	▼-0.5	8495	23307
201607	8500	70	49	54	54	▲+1	11466	17010
201607	8600	115	82	91	91	▲+5	7443	7968
201607	8700	176	132	146	146	▲+7	2464	3042
201607	8800	251	200	217	217	▲+13	443	1023

▲ 表1-13

　　這一天的震幅0.79%頗大，這一天CALL和PUT會收斂得比較大，這天行情下跌22點，代表看多的CALL一定是下跌的，但是代表看空的PUT有好多個履約價報價也是下跌的，不管是隔天結算的週選擇權，還是兩週後結算的月選擇權，在震盪盤CALL和PUT的價格都會收斂，如果你操作SELL PUT看不跌，算是偏多操作，但是行情下跌22點你看錯方向你還是賺錢，你不覺得選擇權賣方很可愛嗎？

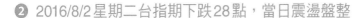

❷ 2016/8/2 星期二台指期下跌28點，當日震盪盤整

▲ 圖 1-15

　　這天開盤價9014、收盤價9012、最高價9035、最低價
8993、振幅0.46%、前天收盤價9040。

　　這天「選擇權行情簡表」CALL的報價如下：

　　行情下跌看多的CALL價格都是下跌的。

買權								
到期月份 （週別）	履約價	最高	最低	最後成交價	結算價	漲跌	成交量	未平倉
201608W1	8850	239	214	221	222	▼-31	192	539
201608W1	8900	191	156	175	175	▼-29	583	1387
201608W1	8950	144	110	125	125	▼-33	3218	2371
201608W1	9000	103	70	82	82	▼-31	8314	7217
201608W1	9050	68	39.5	45.5	45.5	▼-29.5	22002	14514
201608W1	9100	38.5	18.5	19.5	19.5	▼-27.5	39112	23359
201608W1	9150	19	5.9	6.9	6.9	▼-18.6	29926	21995
201608W1	9200	7.2	1.2	1.5	1.5	▼-10.5	27410	33118
201608W1	9250	2.1	0.2	0.3	0.3	▼-4	8449	24444
201608W1	9300	0.9	0.1	0.2	0.2	▼-1.2	3257	32354
201608	8100	920	910	910	915	▼-30	9	356
201608	8200	820	815	820	815	▼-25	2	382
201608	8300	725	720	720	715	▼-25	62	708
201608	8400	620	610	610	620	▼-35	19	731
201608	8500	540	510	520	520	▼-30	19	1302
201608	8600	444	416	426	426	▼-28	43	3650
201608	8700	352	328	337	337	▼-30	296	3181
201608	8800	272	245	254	254	▼-25	503	4673
201608	8900	199	171	181	181	▼-22	1745	14305
201608	9000	136	112	120	120	▼-20	6163	23453

▲ 表1-14

　　這天「選擇權行情簡表」PUT的報價如下：

　　行情下跌28點，但不是每一個PUT價格都上漲。照理說賣權是在行情下跌的時候價格上漲，但事實上未必，因為行情波動不夠大。

到期月份 (週期)	履約價	最高	最低	最後成交價	結算價	漲跌	成交量	未平倉
201608W1	8850	1.4	0.3	0.6	0.6	▼-0.8	7666	19485
201608W1	8900	3.5	0.7	1	1	▼-1.8	14492	21622
201608W1	8950	8.1	1.7	3.3	3.3	▼-3	27202	23155
201608W1	9000	19	5.6	10.5	10.5	▼-2.5	32209	17107
201608W1	9050	39	16	24.5	24.5	▼-1	33125	19944
201608W1	9100	69	36.5	49	49	▲+4	23562	17735
201608W1	9150	107	69	84	84	▲+8	6733	2902
201608W1	9200	150	112	130	130	▲+19	1047	1116
201608W1	9250	197	162	177	177	▲+21	256	682
201608W1	9300	245	216	227	227	▲+25	40	419
201608	8100	2.1	1.4	1.5	1.5	▼-0.5	475	10789
201608	8200	3.3	2.4	2.6	2.6	▼-0.3	1497	15472
201608	8300	5.2	3.8	4	4	▼-0.3	1867	15900
201608	8400	8.1	6	6.4	6.4	▼-0.6	2580	20787
201608	8500	12.5	9.5	10	10	0	4451	25305
201608	8600	19.5	15	16	16	▲+0.5	4461	24341
201608	8700	31.5	24.5	26.5	26.5	▲+1.5	7828	26801
201608	8800	50	40	44	44	▲+4.5	7592	20916
201608	8900	79	64	70	70	▲+9	6553	17241

▲ 表 1-15

再一次，行情下跌28點，但是有好多個PUT履約價報價是下跌的，不管是201607W1結算的週選擇權，還是201607結算的月選擇權，在盤整盤的這天CALL和PUT價格雙雙下跌，雖然行情下跌，但是你做多的SELL PUT部位還是有機會賺錢（PUT價格減少是賣方賺錢），看錯方向還賺錢，你不覺得選擇權賣方很可愛嗎？

❸ 2016/8/9 台指期上漲1點，當日十字震盪盤

2016/8/9

▲ 圖 1-16

這天開盤價9122、收盤價9117、最高價9145、最低價9096、振幅0.54%、前天收盤價9116。

今天只漲1點振幅有0.54%，幾乎可以說是沒漲也沒跌，不用看報價就知道今天CALL和PUT的權利金幾乎會雙雙下跌。

這天「選擇權行情簡表」CALL的報價如下：

買權								
到期月份 (週別)	履約價	最高	最低	最後成交價	結算價	漲跌	成交量	未平倉
201608W2	8950	220	185	192	194	▼-8	437	1740
201608W2	9000	170	133	145	145	▼-6	1960	3226
201608W2	9050	123	88	98	98	▼-8	7332	6069
201608W2	9100	78	47.5	55	55	▼-10	23867	11116
201608W2	9150	40.5	19	22	22	▼-13.5	42988	18133
201608W2	9200	17	5.7	8	8	▼-8	35749	24497
201608W2	9250	6	0.7	1.2	1.2	▼-4.8	22101	31486
201608W2	9300	1.1	0.2	0.4	0.4	▼-1.1	5451	30465
201608W2	9350	0.5	0.2	0.2	0.2	▼-0.4	1117	2787
201608W2	9400	0.2	0.2	0.2	0.2	▼-0.1	196	7625
201608	8200	940	940	940	920	▲+20	1	360
201608	8300	-	-	-	820	-	0	699
201608	8400	730	700	715	720	▼-5	36	722
201608	8500	640	610	625	620	▲+5	23	1234
201608	8600	540	505	525	520	▲+5	733	2716
201608	8700	446	403	421	421	▲+1	123	3207
201608	8800	346	308	323	323	▼-7	347	4613
201608	8900	257	220	235	235	▼-3	1450	14554
201608	9000	172	139	150	150	▼-5	7979	21364
201608	9100	102	77	82	82	▼-9	11651	32876
201608	9200	51	36.5	39	39	▼-8.5	19733	44229
201608	9300	23	14.5	15.5	15.5	▼-7.5	18035	49611

▲ 表1-16

這天「選擇權行情簡表」PUT的報價如下：

到期月份 (週期)	履約價	最高	最低	最後成交價	結算價	漲跌	成交量	未平倉
201608W2	8950	2	0.8	0.9	0.9	▼-1.8	5880	12959
201608W2	9000	4	1.4	1.9	1.9	▼-2.8	13306	18402
201608W2	9050	9.2	2.4	4.5	4.5	▼-4.2	32491	20834
201608W2	9100	21	7	11.5	11.5	▼-7	36510	21176
201608W2	9150	44	18.5	30.5	30.5	▼-7	41377	17044
201608W2	9200	79	44.5	64	64	▼-4	20328	7868
201608W2	9250	123	83	108	108	0	3310	805
201608W2	9300	166	135	156	156	▲+3	546	399
201608W2	9350	210	187	187	204	▼-14	47	22
201608W2	9400	-	-	-	254	-	0	3
201608	8200	0.7	0.4	0.7	0.7	0	836	15909
201608	8300	1	0.6	0.9	0.9	▼-0.1	1278	17782
201608	8400	1.5	0.9	1.2	1.2	▼-0.3	2228	22735
201608	8500	2	1.5	1.7	1.7	▼-0.4	3788	27014
201608	8600	3.3	2.2	2.7	2.7	▼-0.3	4188	27468
201608	8700	5.4	3.7	4	4	▼-1.3	5293	28775
201608	8800	10.5	6.2	7.8	7.8	▼-1.8	7658	28492
201608	8900	20.5	12.5	15	15	▼-3.5	12719	23254
201608	9000	42	27.5	33	33	▼-5.5	19479	21168
201608	9100	82	57	65	65	▼-10	10209	10919
201608	9200	141	108	123	123	▼-8	4510	4023
201608	9300	217	180	200	200	▼-7	453	1150

▲ 表1-17

　　這天就是很明顯的CALL和PUT兩邊幾乎都下跌，做多和做空的買方玩家在這天雙雙掛彩，沒有行情的盤買方是不會賺錢的，這天禮拜二走震盪盤整，隔天禮拜三也是走震盪盤整盤，震盪盤整盤對買方是不利的，大部分時候台股都是盤整盤，若交易不挑時機進場則市場會把你淘汰。

　　剛剛看的都是一日行情，若我們把時間週期拉得更大，長

時間的震盪整理盤會讓選擇權的權利金消耗得更多。例如2016年10月份合約，從起始日的2016年9月21日到結算日2016年10月19日這一段時間都在橫向盤整，這段時間CALL和PUT會雙雙下跌，看多的BUY CALL和看空的BUY PUT 到最後會雙雙賠錢，相反的，賣方在這段時間會是最後的勝利者，這段時間台指期以及加權指數的價格創新高，但是CALL的價格無法跟著創新高，是逐漸下跌的，只要CALL的價格下跌，賣方SELL CALL就是贏家，**買方看對方向未必賺、賣方看錯方向未必賠**。這段期間起始到結束日台指期和加權指數是上漲的，看空的PUT必然跌價，BUY PUT 慘賠，SELL PUT獲利，**買方看錯方向一定賠，賣方看對方向一定賺**。

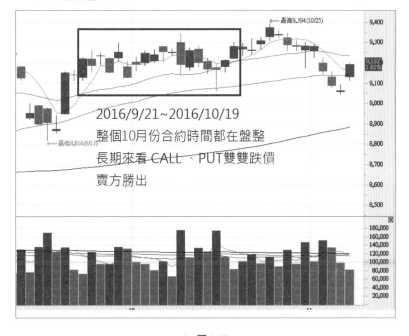

▲ 圖 1-17

4

與眾不同之處：
時間有價值

　　選擇權之所以可以漲跌盤任何走勢都可以賺，看錯方向也賺錢，或以小搏大倍數獲利，這都和時間價值有關係。「時間價值」讓選擇權成為一個獨一無二的金融商品。如前面所說的，選擇權基本元素分成買方和賣方兩個部分，買方購買希望，賣方販賣希望。假設指數在9000， 9200 CALL 權利金52點，對於買方BUY CALL 9200 來說，花52點權利金買一個希望，買行情會漲過9200的希望。對於賣方SELL CALL 9200來說，是販賣一個希望，這個希望價值52點權利金。買方購買希望、賣方販賣希望，這是選擇權的基本遊戲規則、選擇權的本質，而這個希望值多少錢，由市場決定。

到期日越遠，時間價值越高

　　當剩餘時間越長，你會覺得越有希望。現在大盤指數在9357.46，要漲到目標價9400，如果只剩下一天的時間，走勢又很無力，這個時候要漲到9400的「希望」並不大，9400

CALL 的時間價值只值9.7點，這個價格是市場決定的。如果跟你說目標價一樣9400，但是我給你半個月的時間，你會不會突然覺得很有「希望」？半個月的時間只要再漲42.54點就達陣了，看起來很容易。這個時候9400 CALL時間價值，值87點，多出的77.3點，就是多出半個月的時間價值。如果再多給你一個半月的時間呢？你會不會覺得漲到9400的希望更大？這個時候9400 CALL的時間價值就更貴了，需要143點。當剩餘的時間越久時間價值就會越高，而價外的選擇權權利金全部都是時間價值，也就是「用錢買希望」的價格。如下表，這是2016/10/25的選擇權價格，你可以看到，一樣都是 9400 的CALL，到期日越遠時間價值越高，漲到9400的希望越高。

日期	2016/10/25	指數	9357.46
月份	履約價	權利金	結算日
201610W4	9400	9.7	2016/10/26
201611	9400	87	2016/11/16
201612	9400	143	2016/12/21
201701	9400	165	2016/1/18
201703	9400	224	2016/3/15
201706	9400	300	2016/6/21

▲ 表1-18

履約價越接近指數，時間價值越高

當目標價越近你會覺得越有希望達陣。如果一樣都只剩下一天的時間，請問你認為行情再前進50點的機率比較高，還是再前進200點的機率比較高？當然是目標越近越容易達成，這就是時間價值的特性。越有希望的越貴，越沒有希望的越便宜。例如2016/10/25這天的週選擇權報價，這天禮拜二剩下一天就結算。9400的權利金9.7點，9450的權利金1.8點，9500的權利金只有0.2點，履約價距離指數越遠的價格越便宜，越接近指數的越貴。這些價外的履約價的權利金，全部都是時間價值，都是讓買方買一個「希望」。剛剛說到一個重點，價外的履約價權利金全部都是時間價值，那什麼是價外呢？價外是有方向性的，CALL和PUT的方向顛倒。對於CALL來說，**CALL是看漲的意思，還沒有漲到的地方稱為價外，已經漲過的地方稱為價內**。指數在9357.46，9400還沒漲到、9450也還沒漲到，9500、9550都沒有漲到，這些沒有漲到的地方都稱為價外。相反的，**對於看空的PUT還沒有跌到的地方稱為價外，已經跌破的地方稱為價內**。指數在9357.46，9300還沒有跌到，9250也還沒有跌到，基本上小於9357.46的履約價都稱為價外的履約價。

下表是週選擇權201610W4在 2016/10/25報價，對CALL來說，紅色框框圈起來的地方履約價從9400～9550這些履約價都是價外履約價，權利金都是時間價值，時間價值是會消逝歸零的。對PUT來說，綠色框框圈起來的地方履約價從9350到

8900，這些履約價都是價外，這裡的時間價值都會消失，而時間價值的大小可以發現，越接近指數的越大，越遠離指數的越小。下表的權利金大小要看成交價。

買權（CALL）							履約價	賣權（PUT）					
買進	賣出	成交	漲跌	未平倉	總量	時間		買進	賣出	成交	漲跌	未平倉	總量	時間
310	585	440	14	6	1	08:47:49	8900	0.1	0.3	0.4	0.1	8523	34	09:59:22
261	535	400	24	3	1	09:05:54	8950	0.1	0.3	0.3	0	7043	83	10:08:33
212	489	339	13	15	1	09:04:09	9000	0.2	0.4	0.3	-0.3	8182	92	10:06:54
164	439	294	17	37	1	09:10:36	9050	0.2	0.4	0.4	-0.6	37201	495	09:59:27
250	267	252	24	521	15	09:59:35	9100	0.4	0.5	0.5	-0.7	27942	1761	10:09:32
204	207	207	27	679	608	10:10:01	9150	1.2	1.3	1.2	-2.4	24363	4759	10:10:02
156	158	159	24	3507	1244	10:09:50	9200	2.4	2.5	2.6	-4.4	26042	14954	10:09:50
108	109	109	19	15582	10421	10:10:07	9250	4	4.3	3.9	-10.1	27823	18553	10:10:08
65	66	66	12	14617	16531	10:10:12	9300	10	10.5	10.5	-16	22900	23119	10:10:15
30.5	31	31	4	15780	20579	10:10:10	9350	25.5	26	26	-23.5	12540	18402	10:10:15
9.6	9.8	9.7	-0.1	22837	12192	10:10:08	9400	54	55	55	-29	2471	6034	10:10:15
1.6	1.9	1.8	-1.2	11422	7623	10:10:10	9450	97	98	97	-30	274	874	10:09:57
0.2	0.3	0.2	-0.4	15770	1192	10:09:17	9500	144	147	146	-29	184	39	10:09:30
0.2	0.3	0.2	-0.1	7112	53	10:08:53	9550	193	199	201	-24	0	1	09:05:54

▲ 表1-19　201610W4（2016/10/25）

　　再來看同一時間11月份結算的月選擇權報價，對於CALL來說，是看漲，大於現在指數的履約價都是價外，現在指數9357.46，9400以上的CALL都是價外商品。對於PUT來說，是看跌，9300以下的履約價都是價外。CALL和PUT價外的方向是反向。要發揮選擇權以小搏大的特性，買價外的商品讓價外變成價內收穫會最豐，也就是你設定一個目標價，花點「買希望」的費用。當你設定的目標價真的達陣，而且指數超越你設定的目標價，此時獲利是豐碩的。

由下表可以看到9400的CALL 權利金為87點、9500的CALL權利金為46點、9600的CALL權利金為20.5點，越接近現在指數位置的權利金越貴，因為越有希望達陣。看PUT的權利金，9300 的PUT價格有99點、9200的PUT價格有67點、9100的PUT價格有44.5點，越遠離指數位置越價外的權利金越便宜，也代表實現願望的希望越小，做買方的願望就是你所設定的目標價來到。

買權（CALL）							履約價	賣權（PUT）						
買進	賣出	成交	漲跌	未平倉	總量	時間		買進	賣出	成交	漲跌	未平倉	總量	時間
715	970	--	0	43	--	--	8500	3.5	3.8	3.7	-0.8	11395	803	10:09:26
725	755	720	5	93	2	09:27:02	8600	5.2	5.3	5.5	-1.	12772	2199	10:08:25
645	660	645	30	366	23	10:04:02	8700	7.8	7.9	7.9	-2.1	13432	2261	10:08:55
550	565	550	30	1049	23	10:03:34	8800	12	12.5	12.5	-3.5	15439	1585	10:09:33
461	466	462	30	1112	10	10:08:55	8900	19	19.5	19	-5	16066	2564	10:09:37
373	376	368	22	2261	97	10:03:54	9000	29	29.5	29.5	-7	17298	2681	10:09:26
288	290	290	27	3964	453	10:09:00	9100	44.5	45	44.5	-10.5	14186	3395	10:09:37
210	212	213	22	6703	613	10:09:07	9200	67	68	67	-15	14274	3031	10:09:36
142	143	143	16	10713	1975	10:09:26	9300	98	100	99	-19	7630	2961	10:09:40
86	88	87	10	13205	3030	10:09:36	9400	142	144	143	-23	1279	51	10:09:39
45.5	46	46	7	25692	3730	10:09:31	9500	201	202	200	-30	523	170	10:09:01
20	20.5	20.5	3.5	20754	2340	10:09:35	9600	274	277	280	-25	213	23	10:01:48
7	7.2	7.2	1	14264	3135	10:09:01	9700	360	365	372	-31	84	8	10:03:52
2.3	2.4	2.3	0.2	12950	1210	10:08:51	9800	455	460	484	-12	11	1	09:35:04

▲ 表1-20

選擇權就是一個買賣希望的事業，買方購買希望，賣方販賣希望。

權利金的組成，時間價值 + 內涵價值

　　接下來我要來進一步討論權利金的組成，<u>權利金＝時間價值＋內涵價值</u>。<u>會隨著時間而消逝的是時間價值，內涵價值不會隨著時間流逝而消滅</u>。而內涵價值是指指數超出履約價的部分，這有方向性的，我們將買權CALL與賣權PUT分開來說。對買權CALL而言，內涵價值是指**「現貨加權指數高於履約價的部分」**，若用數學式表示即MAX（大盤－履約價，0），上述算式是指「大盤－履約價」與「0」之間取大值的意思，如果大盤小於履約價，則沒有內涵價值。

> ### 範　例
>
> 指數9357.46
>
> 9400 CALL 的內涵價值為　0
>
> 9300 CALL 的內涵價值為　9357.46－9300 = 57.46
>
> 9200 CALL 的內涵價值為　9357.46－9200 = 157.46
>
> 9100 CALL 的內涵價值為　9357.46－9100 = 257.46

　　對賣權PUT而言，剛好相反，即「履約價高於現貨指數的部分」，用數學式表示即MAX（履約價－大盤，0），上述算式是指「履約價－大盤」與「0」之間取大值的意思，如果大盤大於PUT的履約價，則沒有內涵價值。

範 例

指數9357.46

9300 PUT 的內涵價值為　0

9400 PUT的內涵價值為　9400－9357.46 = 42.54

9500 PUT的內涵價值為　9500－9357.46 = 142.54

9600PUT的內涵價值為　9600－9357.46 = 242.54

我們了解價內的內涵價值怎麼計算以後，價內的履約價權利金才算得出時間價值。

範 例

9300 CALL權利金有143點，這143點裡面有部分時間價值有部分內涵價值。加權指數在9357.46，超過履約價9300有57.46點，則內涵價值為57.46，剩下的就是時間價值。

權利金 = 時間價值 + 內涵價值

143 =　時間價值 + 指數－履約價

　　=　時間價值 + 9357.46－9300

　　=　時間價值 + 57.46

時間價值 = 143－57.46

　　　　　=85.54

範　例

9400 PUT權利金有143點，這143點裡面有部分時間價值、有部分內涵價值。加權指數在9357.46，低於履約價9400有42.54點，則內涵價值為42.54，143點權利金中剩下的就是時間價值。

權利金 ＝ 時間價值 ＋ 內涵價值

143 ＝ 　時間價值 ＋ 指數－履約價

　　＝ 　時間價值 ＋ 9400－9357.46

　　＝ 　時間價值 ＋ 42.54

時間價值 ＝ 143－42.54

　　　　＝100.46

　　為何要計算時間價值與內涵價值？這是因為明白權利金的結構，對於交易選擇權是有幫助的。會隨著時間消逝的是時間價值，內涵價值不會。如果大盤原地不動到結算，會消逝的只有時間價值的部分，所以不要以為價內權利金很高就都會消失，不是的，真正會消逝的只有時間價值的部分。而內涵價值的漲跌和方向有關。你看對方向內涵價值就會逐漸升高。例如你看多，持有BUY CALL 9300 權利金143點，裡面有85.54點是時間價值，57.46點是內涵價值。

　　時間價值85.54點的部分會隨著時間慢慢降低，而內涵價值會隨著你看對方向與看錯方向而增加或減少。若你方向看對，大盤上漲100點，則你的內涵價值部分會增加100點，

57.46變成 157.46，若你看錯方向，大盤下跌100點，則你的內涵價值57.46點會全部歸零（因為內涵價值不能為負值最小為0），這個內涵價值增加和減少的部分數字會遠大於時間價值，時間價值一天減少1、2點，但是方向看對和看錯可能會讓內涵價值增加或減少上百點以上。所以對於操作選擇權來說，不管買方或賣方，方向看對，是一個重要的功課。對於操作價內的選擇權賣方來說，若你方向看對，你賺兩個：賺時間價值的消耗、賺內涵價值的減少。若你操作錯誤，你可能會賺到時間價值的消耗但是賠了內涵價值。請記住，內涵價值的增減遠遠會超過時間價值本身，方向性判斷的正確與否比時間價值重要。所以操作選擇權賣方的朋友，千萬不能因為快到期了，時間價值要消逝，就以吸收時間價值做為理由而留著賠錢的選擇權賣方部位，看錯方向所賠的錢遠遠超過時間價值消耗所賺的錢。

MEMO

休息一下，記個筆記吧！馬上要進入重點囉！

Good!

第**2**堂課

選擇權基本部位

學習選擇權應從 4 個基本部位開始學起，這 4 個基本部位分別是，買進買權 BUY CALL、賣出買權 SELL CALL、買進賣權 BUY PUT、賣出賣權 SELL PUT。

1 進場之前先破除迷思

買方、賣方誰風險大？

　　曾經不只一個人跟我表示他只敢做選擇權買方，不敢做選擇權賣方。有趣的是，他根本沒有做過選擇權賣方，沒有任何選擇權賣方交易經驗，就覺得賣方很可怕，只因為還沒進場之前，就聽說賣方很可怕風險很大，而這樣的人還不少。

　　大多數的投資人認為賣方風險很高，其實買方風險不會比較低，買方的波動比賣方更巨大，一樣停損25點，權利金50點的買方賠25點就賠50%了，賣方以保證金2萬計算，賠25點才賠6.25%，你說哪邊風險比較高？不知道有多少人會用2萬元的資金，買一口價值2500元的買方，會想做買方不做賣方的人，就是認為操作賣方資金需求大而且獲利有限，操作買方可以多買幾口，這樣輸贏比較有感覺。以2萬元做賣方只能買一口，2萬元買價值2500元的買方，可以買八口，多買幾口可以賺快一點（但是賠錢也快一點），操作買方的投機客，通常錢很快就會不見。也就是說，害怕賣方風險而操作買方的人，可能賠得更快，誤信買方風險有限，原來**最大的風險就是自己**。

　　關於留倉，滿多人不敢賣方留倉，因為聽說賣方會追繳保證金，怕大跳空會追繳保證金，例如，阿扁肚子兩個子彈擦傷換來兩根跌停板，其實這種大跳空比例極低，況且大部分九十幾趴的行情，都可以讓賣方好整以暇的停損出場，只要你願意停損。然而只要台指期貨隔天開盤跳空的方向跟你買方的部位方向相反，也就是反向跳空，選擇權買方的損失百分比就很大，如果再加上快到結算日，價格很容易腰斬再腰斬。買方你只要留倉留錯邊，隔天跳空直接賽優娜娜，損失的幅度比賣方大得多。損失有限的買方，一樣會賠光你口袋每一分錢，「損失有限」，只是廣告台詞。

　　有趣的是，大家認為風險無限的賣方，你的券商會特別幫你照顧你的部位，當你資金跌破維持保證金，他會好心提醒你你做錯了（電話通知追繳保證金），如果資金再折損，他就會果斷的幫你停損不會讓你賠到光（將你的部位斷頭以免券商賠錢），可以說是非常用心。如果你操作風險有限的買方和價差單，就沒有這種VIP的服務。其實不管做買方和賣方，都要留意風險管理，每一次交易都把損失控制在可接受的範圍內。

筆記 保證金追繳流程

希望讀者永遠不需研究何時會追繳保證金，被追繳表示你槓桿用太高了。

商品別	結算保證金	維持保證金	原始保證金
台股期貨	61000	64000	83000
電子期貨	50000	52000	68000
金融期貨	39000	41000	53000
小型台指期貨	15250	16000	20750
台指選擇權 風險保證金（A值）	16000	17000	22000
台指選擇權風險 保證金最低值（B值）	8000	9000	11000

▲ 表2-1　常用期貨、選擇權保證金

保證金＝權利金市值＋MAX（A值－價外值,B值）

當你保證金低於標準水位時，就會被提醒要追繳。

❶ 盤中追繳保證金

保證金低於「維持保證金」 → 營業員通知 ＋ 簡訊通知 → 收盤前保證金須高於維持保證金。

舉例，大台原始保證金 83000元，維持保證金64000元，盤中只要低於 64000元，就會被通知追繳保證金。

收盤前保證金要高於64000元，若低於64000元會收到盤後追繳。

特別留意：你的**保證金一旦低於 25%**，券商就會以**市價砍倉**。

❷盤後追繳保證金

保證金低於「維持保證金」→ 電話通知＋寄出掛號信通知 → 隔天中午前補回原始保證金 → 未補回原始保證金，則市價砍倉。

舉例，大台原始保證金 83000元，維持保證金64000元。收盤前低於64000元會收到盤後追繳，隔天中午前要補足到83000元，否則會被平倉。

你要補～
保證金囉!

2 弄清楚買方和賣方
的賺賠情況

「權利金上漲是買方賺錢，權利金下跌是賣方賺錢。」

剛開始接觸選擇權的新手可能會搞不清楚賺錢賠錢的情況，到底權利金上漲我是賺錢還是賠錢，權利金下跌我是賺錢還是賠錢？其實你只要把選擇權當股票看你就會懂了，讓獨大來教你看。

CALL買方和賣方賺錢的情況

別理複雜的希臘字母，看選擇權報價就能操作，**因為所有影響權利金漲跌的原因都已經反映在價格上了，看價格操作就可以。**

你只要把選擇權當股票看，你就會很容易了解選擇權，舉例來說，9700 CALL這個商品，有自己的報價和價格走勢圖，如下圖，這是2017年3月8日到2017年3月9日的9700 CALL 5分K走勢圖。

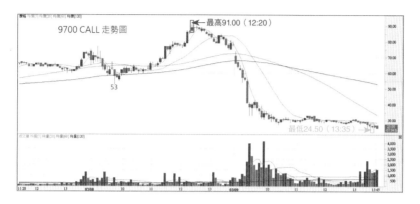

▲ 圖 2-1　9700 CALL 5分K

　　9700 CALL 的報價走勢，一開始權利金價格從低點53漲到最高價91，上漲這一段買進 9700 CALL的人賺錢了，也就是當買方BUY CALL 9700 的人賺錢。53點買進91點賣出的話賺38點。後來價格從91點跌到最低價24.5點，下跌這一段買進9700 CALL的人賠錢了，賣出9700 CALL 的人賺錢，也就是當賣方SELL PUT 9700 的人賺錢，<u>91點賣出24.5點買回賺價差66.5點</u>。你只要**把選擇權當股票看**就會很好懂選擇權，價格上漲低檔買進的人賺錢了，價格下跌在高點買進的人要倒楣了。把「9700 CALL」當作一檔股票來看，看到走勢上漲、出現紅K你要買進，看到走勢下跌、收黑K你要賣出。BUY 9700 CALL就好比買進9700 CALL這檔「股票」，而SELL 9700 CALL就好比賣出9700 CALL這檔「股票」。這樣說是不是很清楚了呢？

PUT買方和賣方賺錢的情況

用同樣邏輯來看PUT這個商品，我們來看9700的PUT走勢圖，你可以想像成這是一檔股票，用操作股票的想法來理解選擇權，只是他是一檔漲跌很快的股票，一天可以從股價49元跌到26元，一天也可以從股價26元漲到85元，以下是9700的PUT於2017年3月8日到2017年3月9日的5分K走勢圖。

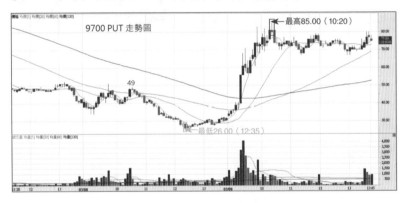

▲ 圖2-2　9700 PUT 5分K

一開始價格從49跌到26，這段期間當「買方」的人賠價差，相反的站在「賣方」的人就賺了價差。然後價格從26漲到85，這段期間站在「買方」的人賺錢，站在「賣方」的人賠錢。投資就是要低買高賣，把選擇權當作股票看，你很快就會上手了。看著選擇權的價格走勢圖就可以操作，選擇權上漲做買方、下跌做賣方，這是一種最簡單的操作選擇權方式，影響選擇權權利金漲跌的因素很多，有時間價值的消耗、有波動率的增減，有各種原因會影響權利金的漲跌，但最後全部都會反

映在價格上，**你可以讓事情簡單化，直接看圖操作就可以。**
對，就是這麼簡單，你可以跳過艱深難懂的選擇權評價公式、
跳過艱深難懂的希臘字母，選擇權可以好簡單。

當你學會如何用選擇權的報價走勢圖，來了解選擇權價格
的漲跌和當買方以及賣方的賺賠關係後，接下來我們要了解如
何用加權指數（期貨指數）的漲跌來解釋選擇權的4個基本部
位，及其在選擇權策略中的意義。

3

買進買權——
BUY CALL部位

第一個基本部位就是「買進買權—BUY CALL」，它是一個看多的部位，BUY CALL 8800，代表看行情會漲過8800，BUY CALL 9000，代表認為行情會漲過 9000。現在，我們從「短線操作」和「放到結算」兩個面向來看選擇權。

「短線操作」

如果你將選擇權當作股票操作，那麼我們只是低買高賣賺價差，你可以今天買明天賣，早上買下午賣，現在買然後過一個禮拜賣，賺賠就是看價差，這屬於短線操作。

操作買方要倍數獲利，進場點很重要，進場點決定勝率，最好是買進後就有行情的點，買方怕時間價值消耗，不宜蹉跎時光。買方操作很少放到結算，買方都是做短線賺價差居多。

「放到結算」

　　如果買方放到結算會如何呢？在結算那天會結算計算盈虧，在結算那天損益是多少可以看結算損益圖，會根據結算價來決定盈虧。例如BUY CALL 9000 權利金 85 點，到結算那天如果結算價是8800 那我會賺賠多少點？如果結算價是9200我會賺賠多少點？我們用結算損益圖來表示不同結算價的損益情形，結果如下：

範　例

加權指數8991期貨指數8891，買進一口8月到期（註），履約價為9000，權利金為85點的買權。

買/賣	買權/賣權	履約價	權利金
BUY	CALL	9000	85

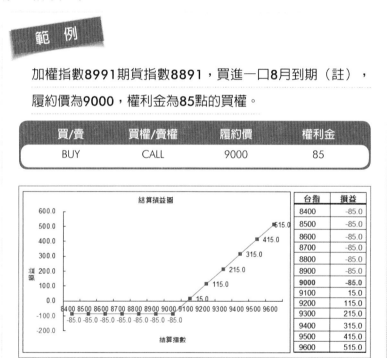

台指	損益
8400	-85.0
8500	-85.0
8600	-85.0
8700	-85.0
8800	-85.0
8900	-85.0
9000	-85.0
9100	15.0
9200	115.0
9300	215.0
9400	315.0
9500	415.0
9600	515.0

▲ 圖2-3　BUY CALL 9000 結算損益圖

- BUY CALL 9000適用時機：預期盤勢會漲過9000
- 最大損失：支付出去的權利金85點
- 最大利潤：理論上獲利無上限

結算價損益平衡點：履約價＋權利金點數＝9085

　　你可以看到結算損益圖，如果行情下跌，不管跌多少損失都是固定的，最大損失是85點，這是選擇權買方可愛的地方，就是行情就算看錯損失也是有限，最大損失為投入的資金。但是萬一看對獲利就有無限想像，理論上的獲利是無限的，但是讀者要知道實際上「獲利無限」是不會發生的。一來行情不會無限上漲，二來是就算行情真的大漲，投資人也可能會受不了想趕快入袋為安而早早出場，操作選擇權是一項藝術。而結算那天指數要漲多少BUY CALL才會賺錢呢？BUY CALL 9000 結算價要大於9000才有履約價值，漲過1點賺1點，但是因為BUY CALL 9000 原本就有初始成本85點，所以結算價必須要先大於9085，先把初始成本賺回來才會開始賺錢。所以損益平衡點是9000 + 85 = 9085。看上圖，如果結算價在8800賠85點，若結算價在8700也是賠85點，基本上BUY CALL 9000 結算價要大於9000以上才有機會賺錢，否則權利金會全部歸零，而賺錢之前先要把成本85點贏回來才可以，也就是漲過損益平衡點9085以上才開始賺錢，9085以上就是線性獲利，9100賺15點，9200賺115點，9300賺215點，漲越多賺越多。當你買進BUY CALL 記得開始祈禱，祈求上帝股市大漲。

我們再來看一個範例，BUY CALL 9200 權利金 31.5 點，如果是短線操作那麼是低買高賣賺價差，如果你31.5買進63賣出，那麼你賺進31.5點一倍的利潤。如果你31.5買進20賣出，那麼你賠了11.5點賠了快1/3。

如果放到結算日當天該怎麼計算呢？相同的我們來看結算那天的損益情況，用結算損益圖表示之。

註 解

自交易當月起連續3個月份，另加上3月、6月、9月、12月中兩個接續的季月，然後再加一個週選擇權的合約。

例如：2016年7月20日這一天的合約有「2016年7月」、「2016年8月」、「2016年9月」連續3個月，再加上連續兩季的合約，就是「2016年12月」、「2017年3月」，最後再加上週選擇權的合約，「2016年07W4」其中2016代表年份，07W4代表7月的第四週，7月的第一週週選擇權會以07W1表示，7月的第二週週選擇權會以07W2表示，依此類推。

再舉個例子，2016年11月21日這一天掛上去的合約有，2016年12月、2017年1月、2017年2月連續3個月，再加上2017年3月、2017年6月兩個連續季月，最後再加上一個週選合約，2016年11W4，代表2016年11月第四週的週選合約。

範 例

加權指數8991期貨指數8891，買進一口8月到期，履約價為9200，權利金為31.5點的買權。

買/賣	買權/賣權	履約價	權利金
BUY	CALL	9200	31.5

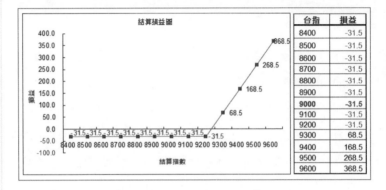

台指	損益
8400	-31.5
8500	-31.5
8600	-31.5
8700	-31.5
8800	-31.5
8900	-31.5
9000	**-31.5**
9100	-31.5
9200	-31.5
9300	68.5
9400	168.5
9500	268.5
9600	368.5

▲ 圖2-4　BUY CALL 9200 結算損益圖

● BUY CALL 9200適用時機：預期盤勢會漲過9200

● 最大損失：支付出去的權利金31.5點

● 最大利潤：理論上獲利無上限

結算價損益平衡點：履約價＋權利金點數＝9231.5

　　BUY CALL 9200結算那天指數要大於9200以上才有結算價值，如果漲不到9200就一點價值都沒有，權利金會歸零。所以買選擇權買方是買進一個夢，付一筆費用買進一個夢，夢見指數會漲過9200，夢見指數會漲過你所買的履約價，如果醒來夢不實現，則你所支付的「做夢費」全部化為烏有，如果指數確實有漲過你所期望的目標價（履約價）則你可以獲利，有夢最美，希望相隨。而BUY CALL 9200 權利金31.5點，則結算那天指數最少要漲過9231.5你才會開始賺錢，如果結算在 9400 則你的獲利會有9400 － 9231.5 = 168.5點。

　　連續舉了兩個例子我想讀者應該已有概念，剛剛舉的例子都是價外的履約價，加權指數8991，9000的CALL是價外，9200的CALL也是價外，對於看多的CALL來說，還沒漲到的地方都是價外，而現在要舉的例子是價內的履約價，指數8991已經漲過8700這個位置 291點，所以8700的CALL是價內的履約價。價內的履約價比較貴、成交量比較少，通常不建議交易價內的合約，主因是成交量少無法及時成交，急著成交會用很差的價格成交，會吃虧。不過我們還是可以舉例價內的商品，以下例子是8700 CALL 權利金256點，基本上這個價格就不合理，因為價內價值有291點（加權指數8991超出8700的部分），權利金只有256比它最少該有的價值還少35點。你能用256點買到算是買到便宜貨。沒關係，我們用以下的例子舉例。前面有提過如果只是短線交易則是看進場出場的價差，若是放到結算，則是看下面的結算損益圖。

範 例

加權指數8991期貨指數8891，買進一口8月到期，履約價為8700，權利金為256點的買權。

買/賣	買權/賣權	履約價	權利金
BUY	CALL	8700	256

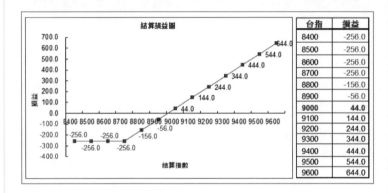

台指	損益
8400	-256.0
8500	-256.0
8600	-256.0
8700	-256.0
8800	-156.0
8900	-56.0
9000	44.0
9100	144.0
9200	244.0
9300	344.0
9400	444.0
9500	544.0
9600	644.0

▲ 圖2-5　BUY CALL 8700 結算損益圖

● **BUY CALL 8700**（價內）適用時機：預期盤勢會上漲

● 最大損失：支付出去的權利金256點

● 最大利潤：理論上獲利無上限

結算價損益平衡點：履約價＋權利金點數＝8956

損益平衡點算法，履約價 + 權利金，所以是8700+256 = 8956，這代表結算時結算價必須超過8956才會賺錢。

不操作價內買方還有一個原因是，貴。做買方就是要以小搏大，如果買一口需要1萬5的選擇權買方，那麼似乎失去它輕薄短小的特性了，再貴一點就可以買小型台指期貨了，那直接操作期貨就可以了。你若要清楚知道結算那天指數和賺賠的關係，畫結算損益圖就知道了，BUY CALL 8700 256點，結算在8700以下256點權利金都歸零，結算超過8956以上才開始賺錢，結算在9000點賺44點，結算在9100點賺144點，結算在9200點賺244點，選擇權買方是線性獲利的，賠錢是固定的。

4

賣出買權——
SELL CALL部位

　　第二個基本部位是「賣出買權—SELL CALL」，它是一個看空的部位，SELL CALL 8000 代表看行情不會漲過8000，SELL CALL 9000 代表認為行情不會漲過 9000。我們從「短線操作」和「放到結算」兩個面向來看選擇權。

「短線操作」

　　如果是短線操作，則我們只看高賣低買的價差，如果100點賣出，20點買回則賺80點，如果100點賣出180點買回則賠80點，結算前就出場的賺賠單純看進場和出場的價差，權利金下跌就是賣方賺錢，哪些走勢會導致CALL的權利金下跌呢？行情大跌 CALL的權利金會下跌，行情小跌CALL的權利金也會下跌，行情盤整CALL的權利金也會下跌，行情小漲，漲得不夠多，CALL的權利金也有機會下跌，涵蓋了大部分走勢，所以賣方可以賺錢的機率遠高於買方。一樣是看空，SELL CALL賺錢的機率高於BUY PUT。

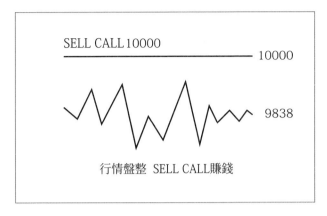

▲ 圖 2-6　台指期盤整　選擇權SELL CALL會賺錢

「放到結算」

　　而如果是放到結算，損益情況會怎樣？我們來看放到結算的結算損益圖，例如 SELL CALL 9000 ，85 點權利金。

加權指數8991期貨指數8891，賣出一口8月到期，履約價為9000，權利金為85點的買權。

買/賣	買權/賣權	履約價	權利金
SELL	CALL	9000	85

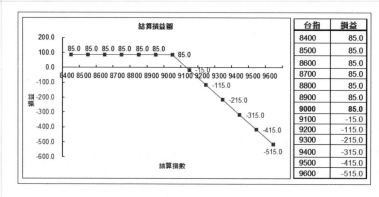

▲ 圖2-7　SELL CALL 9000 結算損益圖

● **SELL CALL 9000適用時機：預期盤勢不會漲過9000**

● 最大損失：理論上損失無上限

● 最大利潤：所收之權利金85點

結算價損益平衡點：履約價＋權利金點數 ＝ 9085

　　賣方偏向是做長線的，因為時間價值一天天消耗，對 SELL CALL來說，只要結算之前不要漲過你賣出的履約價，你就可以將權利金全部吸乾，以這 SELL CALL 9000 為例，只要結算那天行情沒有漲過9000，則9000的CALL不具備履約價值，它的85點權利金會全部歸零，全部成為SELL CALL 9000的賣方交易者的獲利。所以對於SELL CALL的賣方來說，要決定關鍵履約價，那個不會被漲過的履約價就是你可以安心SELL CALL的地方。而且賣方有個好處是一開始就收別人的權利金，這延伸了你獲利的區間，例如SELL CALL 9000 收85點權

利金，如果結算在9000以下，85點權利金全部落入你口袋，如果結算在9005，則你還賺 85 － 5 ＝ 80 點。你預收的85點權利金是你的本錢，直到指數結算價漲過9085以上你才會開始賠錢。你收的權利金越高賺錢的區間越大。如果你收的權利金是120點，則結算價要漲過 9000 ＋ 120 ＝ 9120 以上你才會賠錢，結算價在漲過9120之前你都是獲利的。所以賣方勝率比較高，因為你既可以設定一個安全的位置去當賣方，而且多了一開始預收的權利金當你的籌碼。你可以替自己規畫一個安全寬廣的獲利區間。透過結算損益圖，我們可以清楚的知道結算的位置和損益的關係，SELL CALL 9000 收85點權利金，最大獲利就是85點，發生在結算價在9000 以下，SELL CALL 9000 是認為行情漲不過9000，當真的發生行情漲不過9000則你的交易勝利，85點權利金入袋。但是如果行情上漲，漲越多你會賠越多，9100點賠15點，9200點賠115點，9300點賠215點，9600點賠515點，所以知道停損的重要性了吧，不要為了利息賠了本金。

　　再看另一個範例，SELL CALL 9200 收31.5點權利金，我刻意舉和上一個章節剛好顛倒的範例，上一個章節舉 BUY CALL 9200，這裡舉SELL CALL 9200為範例，讀者可以前後比對兩個章節的損益曲線圖，你可以發現，BUY CALL賺錢的地方就是SELL CALL 賠錢的地方，SELL CALL 賺錢的地方就是BUY CALL賠錢的地方，兩個加起來損益剛好是零。因為選擇權是零和遊戲。交易選擇權賣方是權利金下跌賺錢，進場價格50，出場價格20，則賺價差30點。若是進場價格50，出場價格

100，則賠50點，你可以看到價格最多減少到0，但是價格增加是無上限的，這也是賣方獲利有限、虧損無限一詞的由來。我們來看結算那天的結算損益圖如下：

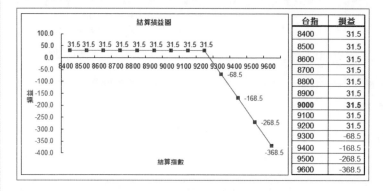

範 例

加權指數8991期貨指數8891，賣出一口8月到期，履約價為9200，權利金為31.5點的買權。

買/賣	買權/賣權	履約價	權利金
SELL	CALL	9200	31.5

台指	損益
8400	31.5
8500	31.5
8600	31.5
8700	31.5
8800	31.5
8900	31.5
9000	**31.5**
9100	31.5
9200	31.5
9300	-68.5
9400	-168.5
9500	-268.5
9600	-368.5

▲ 圖2-8 SELL CALL 9200 結算損益圖

● **SELL CALL 9200適用時機：預期盤勢不會漲過9200**

● 最大損失：理論上損失無限

● 最大利潤：31.5點

結算價損益平衡點：履約價＋權利金點數 = 9231.5

　　操作賣方怎樣才能賺錢看圖就知道了，圖2-8你的獲利區間是結算那天，結算價在9231.5以下你都是賺的，結算在9200以下你固定賺31.5點，這是你預收的權利金31.5點，是你最大的可能獲利。通常越安全賺越少，SELL CALL 9200 要行情漲過9200以上才有可能賠錢，SELL CALL 9000 行情漲過9000以上就可能賠錢，9200 比9000多200點的空間，指數要漲過9200的難度比漲過9000的難度高。SELL CALL 9200 勝率大於SELL CALL 9000，但是SELL CALL 9200 只能賺31.5點，SELL CALL 9000可以賺85點，這就是風險換報酬。你要賺少一點但是勝率高一點，還是賺多一點看起來危險一點，讀者請自己衡量囉。如果行情確定會往下走，則我會選擇比較高的獲利，SELL CALL 9000。行情確定往下走，則行情不會漲過9000，也不會漲過9200，我選擇獲利高的。如果不確定行情會不會往下走，則我會SELL CALL 9200，賣比較遠的位置。

　　看結算損益圖，可以清楚知道結算價的位置和損益的關係，首先我們要算出損益平衡點。

　　損益平衡點算法，履約價 + 權利金 = 9200+ 31.5 = 9231.5

　　指數在9231.5之下都賺錢，指數在9231.5之上開始賠錢。

　　再來看另一個範例，SELL CALL 8700 ，權利金256點。一樣不建議操作價內的，因為成交量少。成交量少不管做買方、賣方都不推薦，**操作以風險考量優先，以流通性大能夠安全進出優先**，成交量太少的不容易立刻成交，難以停損容易吃虧，急著出場會付出很大的代價的。

範 例

加權指數8991期貨指數8891,賣出一口8月到期,履約價

為8700,權利金為256點的買權。

買/賣	買權/賣權	履約價	權利金
SELL	CALL	8700	256

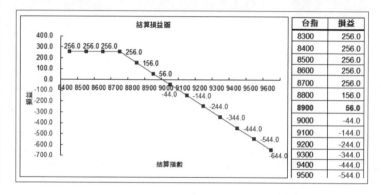

台指	損益
8300	256.0
8400	256.0
8500	256.0
8600	256.0
8700	256.0
8800	156.0
8900	56.0
9000	-44.0
9100	-144.0
9200	-244.0
9300	-344.0
9400	-444.0
9500	-544.0

▲ 圖2-9 SELL CALL 8700 結算損益圖

● **SELL CALL 8700**（價內）適用時機：預期盤勢會下跌

● 最大損失：理論上損失無限

● 最大利潤：**256點**

結算價損益平衡點：履約價＋權利金點數 ＝**8956點**

　　會舉SELL CALL 8700 的例子是要和上個章節BUY CALL 8700 做對應，兩個損益圖放在隔壁你會發現互補，賺錢和賠錢的區間互補。你要怎麼知道你買的選擇權商品損益落在哪個區間，請看結算損益圖。SELL CALL 8700 的損益平衡點是**履約價 ＋ 權利金 ＝ 8700＋ 256 ＝ 8956**，結算在8956之下都賺錢，結算在8956之上都賠錢，賺賠多少請看上圖。

　　另外一個不推薦價內賣方的原因，是因為價內的賣方賠錢的速度比較快。萬一看錯方向賠錢會賠得快，所以不隨便持有。

5

買進賣權──
BUY PUT部位

　　第三個基本部位是「買進賣權─BUY PUT」，它是一個看空的部位，BUY PUT 8800 代表看指數會跌破8800，BUY PUT 7000 代表認為指數會跌破7000。我們從「短線操作」和「放到結算」兩個面向來看選擇權BUY PUT。

「短線操作」

　　如果你BUY PUT 支付5點權利金，價格漲到50點賣出則你賺45點。價格上漲是買方獲利，什麼時候PUT的價格會上漲呢？PUT在指數下跌的時候會上漲，指數上漲的時候會下跌，所以BUY PUT是在指數下跌的時候賺錢，跌越多賺越多，台股漲得慢，跌得快，利用BUY PUT會讓你在指數大跌時大賺一筆。你可以利用BUY PUT來替你的選擇權部位、期貨部位、股票部位避險，它是很好用的避險工具，或者說它是很好的投機工具。

　　操作選擇權買方，除了要有好的進場點、勇敢進場和抱得

住獲利以外，還要格外注重資金管理，畢竟技術分析都是機率，總有出錯的時候，出錯的時候權利金可能會歸零，你要接受這樣的事情發生，在這樣的前提之下去決定你要買多少。簡單的說，把它當作彩券買就對了，如果你要體驗什麼叫做希望，請買一張彩券；如果你要體驗什麼叫做絕望，請買一堆彩券。

「放到結算」

看了低買高賣賺價差的例子，我們來看如果BUY PUT放到結算會怎麼樣？例如BUY PUT 8800，權利金97。

加權指數8991期貨指數8891，買進一口8月到期，履約價為8800，權利金為97點的賣權。

買/賣	買權/賣權	履約價	權利金
BUY	PUT	8800	97

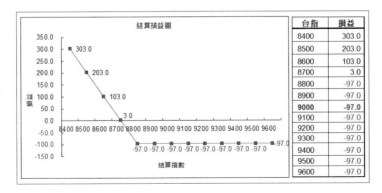

▲ 圖2-10　BUY PUT 8800 結算損益圖

- **BUY PUT 8800**適用時機：預期盤勢會跌破8800
- 最大損失：支付之權利金97
- 最大利潤：理論上獲利無上限

結算價損益平衡點：履約價–權利金點數＝8703

　　讀者可以看到BUY PUT的結算損益圖，最大損失就是權利金97點，而隨著指數下跌越多賺越多，這就是選擇權買方的特性，風險有限獲利無限。這裡要再一次強調，沒有任何人可以完全準確的預測台股走勢，沒有保證賺錢的進場點，如果有人說穩賺，那八成是騙子。所以任何交易都要容錯，容許錯誤，選擇權買方看錯方向很難停損，可能一開盤就賠80%，你要怎停損？你只能以資金管理控制風險。原則上空頭的時候做空，去BUY PUT 有機會倍數獲利，但是空頭也會出現報復性大漲，讀者不可不慎。而且盤整對選擇權買方也不利，你看空，行情也確實下跌，但是跌得不夠多，你一樣賠錢。如上圖，結算那天行情若沒有跌破8703，你的BUY PUT是不會賺錢的。

　　我們來看下一個案例，BUY PUT 8600，權利金 46.5點。

範　例

加權指數8991期貨指數8891，買進一口8月到期，履約價為8600，權利金為46.5點的賣權。

買/賣	買權/賣權	履約價	權利金
BUY	PUT	8600	46.5

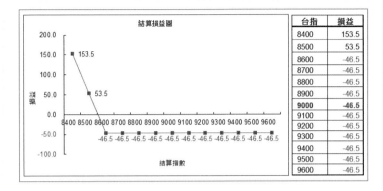

台指	損益
8400	153.5
8500	53.5
8600	-46.5
8700	-46.5
8800	-46.5
8900	-46.5
9000	**-46.5**
9100	-46.5
9200	-46.5
9300	-46.5
9400	-46.5
9500	-46.5
9600	-46.5

▲ 圖2-11　BUY PUT 8600 結算損益圖

● **BUY PUT 8600適用時機：預期盤勢會跌破8600**

● 最大損失：支付之權利金46.5點

● 最大利潤：理論上獲利無上限

結算價損益平衡點：履約價－權利金點數＝8553.5

　　BUY PUT 8600 權利金明顯比BUY PUT 8800 便宜，一個97點，一個46.5點。你的目標價（履約價）越遠價格越便宜，但是賺錢機率也就越低，所以操作買方最好「順勢而為」。順勢操作才有機會走出大距離，走出大距離買方才可以倍數獲利。看上圖BUY PUT 8600的結算損益圖，要先算損益平衡點，損益平衡點算法是履約價－權利金：8600－46.5＝8553.5。結算那天要跌破8553.5以下才會賺錢。

　　買方就是買個希望，買希望也是有技巧的，下雨天的時候不要期望地上是乾的，這有點不切實際，你應該期望地上濕成一片。空頭的時候不要期望走勢會大漲（雖然有可能，但機率

低），你應該期望走勢會大跌。期望走勢大跌買的商品是BUY
PUT。

另一個案例，BUY PUT 9100，權利金262點。如同BUY
CALL所介紹，盡量不要操作價內的商品，價內成交量少流通
性不佳。而且交易太貴的買方，那乾脆去做期貨就好了，期貨
還沒有時間價值消耗。但是我還是舉一下價內買方的案例。

加權指數8991期貨指數8891，買進一口8月到期，履約價
為9100，權利金為262點的賣權。

買/賣	買權/賣權	履約價	權利金
BUY	PUT	9100	262

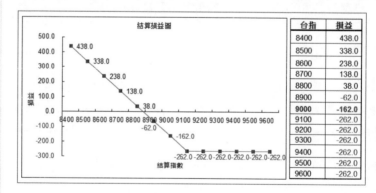

台指	損益
8400	438.0
8500	338.0
8600	238.0
8700	138.0
8800	38.0
8900	-62.0
9000	-162.0
9100	-262.0
9200	-262.0
9300	-262.0
9400	-262.0
9500	-262.0
9600	-262.0

▲ 圖2-12　BUY PUT 9100 結算損益圖

- BUY PUT 9100（價內）適用時機：預期盤勢會下跌

- 最大損失：支付之權利金262點

- 最大利潤：理論上獲利無上限

結算價損益平衡點：履約價−權利金點數＝**8838**

　　賺賠情況看圖就明白，最大損失是固定的，只要指數上漲，262點權利金會全部歸零，損益平衡點在8838的位置。如果你要放到結算你必須要計算損益平衡點，你才知道你的賺賠區間。以這個例子結算在8838以下賺錢，8838以上賠錢。損益平衡點算法是履約價−權利金，9100−262＝8838。

　　不管是買哪一個履約價的PUT，都只有在下跌的時候賺錢，而跌到哪會開始賺錢，請看結算損益圖。所以BUY PUT要賺錢有兩個要點，**一是方向看對，二是距離走得夠遠**，需要走多遠看結算損益圖就知道。

6

賣出賣權——
SELL PUT部位

　　第四個基本部位是「賣出賣權—SELL PUT」，它是一個看多的部位，SELL PUT 8000 代表看行情不會跌破8000，SELL PUT 7000 代表認為行情不會跌破 7000。我們從「短線操作」和「放到結算」兩個面向來看選擇權。

「短線操作」

　　只要是「短線操作」就是看買進和賣出的價差，如果SELL PUT要賺錢，則加權指數的行情不管是小漲、大漲、盤整或小跌都可以賺錢，比起BUY CALL只能在上漲的時候賺錢機率高多了。只要是大漲、小漲、盤整或小跌，PUT的權利金都可能下跌，只要PUT的權利金下跌，賣出賣權—SELL PUT就賺錢。例如你判斷台股會上漲，進場SELL PUT 9500收權利金 65點，行情原地盤整了兩個禮拜還小跌20點，但是權利金從65點跌到15點，這時行情跟你想的不太一樣，但是你賺到權利金的價差65 − 15=50點。賣方最大的好處是行情的方向不要

錯得太離譜就會賺錢。

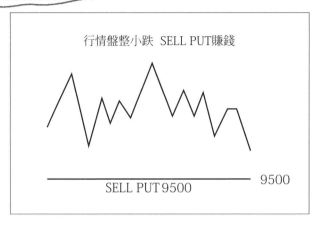

▲ 圖 2-13　台指期盤整，選擇權 SELL PUT 會賺錢

「放到結算」

　　我們來看案例，SELL PUT 8800，97點權利金。這和上個章節BUY PUT 8800，付出97點權利金是顛倒的，讀者可以比對兩者的不同。

加權指數8991期貨指數8891，賣出一口8月到期，履約價為8800，權利金為97點的賣權。

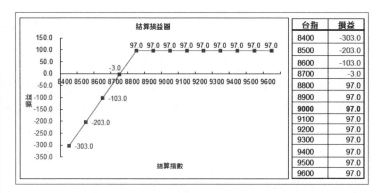

買/賣	買權/賣權	履約價	權利金
SELL	PUT	8800	97

台指	損益
8400	−303.0
8500	−203.0
8600	−103.0
8700	−3.0
8800	97.0
8900	97.0
9000	97.0
9100	97.0
9200	97.0
9300	97.0
9400	97.0
9500	97.0
9600	97.0

▲ 圖2-14　SELL PUT 8800 結算損益圖

● **SELL PUT 8800**適用時機：預期盤勢不會跌破**8800**

● 最大損失：理論上損失無上限

● 最大利潤：所收之權利金 **97**點

結算價損益平衡點：履約價－權利金點數=**8703**

　　如果你想預知SELL PUT 8800到結算那天的損益情形如何，你可以看結算損益圖，結算損益圖標示指數的位置和損益的數字，你可以清楚知道結算價在哪個位置你會賺多少或賠多少，例如上圖指數在9100點你會獲利97點，指數在9200點你也是獲利97點，基本上指數只要在8800點之上你都獲利97點，因為賣方最大的獲利就是一開始所收的權利金，一開始收97點權利金就是最大獲利。BUY PUT 8800要結算價低於8800才有履

約價值，所以結算價高於8800點，BUY PUT 8800權利金都會歸零，賣方賺走權利金。這就是賣方的優勢，只要指數大於等於一個數字，SELL PUT就可以賺錢。這不是比較簡單容易嗎？SELL PUT是大於等於的概念，SELL CALL是小於等於的概念。

SELL PUT 8800 → 指數大於等於 8800， **SELL PUT**賺錢。
SELL CALL 9200 → 指數小於等於9200，**SELL CALL** 賺錢。

　　而且賣方還可以將預收的權利金當作自己的本錢，會將損益平衡點外移。

　　我們來計算損益平衡點，以這個範例來說，權利金97點，賣方要跌破8800－97點，才會開始賠錢，損益平衡點 = 履約價 － 權利金 = 8800 － 97 = 8703。

　　結算價在8703之上SELL PUT 8800都賺錢，結算價在8703之下，SELL PUT 8800才開始賠錢。賺錢是固定的97點，賠錢是線性成長的，指數若結算在8700賠3點，指數若跌到8600賠103點，指數若跌到8500賠203點。

　　再看另一個範例，SELL PUT 8600 ，46.5點權利金，賣得越遠越安全，權利金收得越少，這公平，比較安全的交易收入會減少。SELL PUT 8600，表示大盤只要大於等於8600就賺錢，是不是比SELL PUT 8800，大盤要大於等於8800才賺錢簡單得多？差了200點價差，勝率更大了。這裡要提醒讀者，操作最重要的還是順勢而為，如果你在空頭市場去SELL PUT，

不管SELL PUT多遠的位置都可能賠錢，與其戰戰兢兢害怕你設定的履約價被貫穿，不如在多頭的時候去SELL PUT，比在空頭的時候去SELL PUT來得安全。你可以用20日均線的方向來判斷走勢的方向。20日均線往上做多SELL PUT，20日均線往下做空SELL CALL。這樣做會大大提升賺錢的機率，操作也不會心驚膽戰。

加權指數8991期貨指數8891，賣出一口8月到期，履約價為8600，權利金為46.5點的賣權。

買/賣	買權/賣權	履約價	權利金
SELL	PUT	8600	46.5

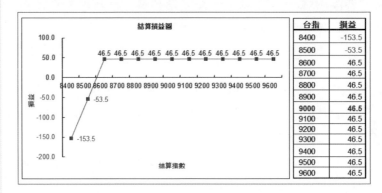

台指	損益
8400	-153.5
8500	-53.5
8600	46.5
8700	46.5
8800	46.5
8900	46.5
9000	46.5
9100	46.5
9200	46.5
9300	46.5
9400	46.5
9500	46.5
9600	46.5

▲ 圖2-15 SELL PUT 8600 結算損益圖

- **SELL PUT 8600**適用時機：預期盤勢不會跌破8600
- 最大損失：理論上損失無上限
- 最大利潤：所收之權利金 **46.5**點

結算價損益平衡點：履約價－權利金點數＝**8553.5**

　　讀者可以比對SELL PUT 8600 和SELL PUT 8800的獲利曲線圖，你會發現SELL PUT 8600 的獲利區間比較大，在8553.5以上都獲利，SELL PUT 8800要在8703以上才獲利。所以SELL PUT賣得越遠勝率越高。但是勝率越高獲利就越低，這是公平的遊戲。而損益平衡點8553.5的算法如下：

　　損益平衡點算法，履約價－權利金＝8600－46.5＝8553.5。

　　我們看最後一個案例，SELL PUT 9100，權利金262點，這是價內的合約，價內的履約價，什麼是價內什麼是價平，稍後註解會詳細說明。原則上**沒到的稱為價外，已經到的稱為價內**。PUT是看空，指數在8891，已經跌破9100點，所以9100的PUT稱為價內。只要是價內商品成交量都小，所以我不是很建議交易價內的商品，主因是流通性差。而不管價內或價外，不管SELL PUT哪一個位置，只要行情上漲都賺錢，讀者可以參考20日均線當作多空依據，20日均線往上SELL PUT做多。這裡所提的賣方都是指月選不是週選，週選不是這樣操作。用20日均線操作基本上算是中長線交易了，週選屬於短線交易，看不了這麼長的趨勢，一天漲跌100多點就對週選影響甚大，但是漲跌100多點並不一定改變趨勢。

範 例

加權指數8991期貨指數8891，賣出一口8月到期，履約價為9100，權利金為262點的賣權。

買/賣	買權/賣權	履約價	權利金
SELL	PUT	9100	262

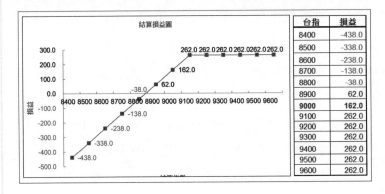

▲ 圖2-16　SELL PUT 9100 結算損益圖

● **SELL PUT 9100（價內）適用時機：預期盤勢會上漲**

● 最大損失：理論上損失無上限

● 最大利潤：所收之權利金 **262**點

結算價損益平衡點：履約價－權利金點數＝8838

　　SELL PUT 9100的結算損益如何請看上面的結算損益圖，你可以看到結算若在9100賺262，結算若在9200也是賺262，結算在9300也是賺262，基本上只要結算在9100之上都是賺262，

這就是大於等於的概念，SELL PUT 9100 只要結算在9100之上賺的錢都是一樣多。然而賣方有預收權利金，所以預收的權利金可拿來當作賺錢的武器，SELL PUT 9100的損益平衡點算法如下：

損益平衡點算法，履約價－權利金 = 9100－262= 8838。

把權利金也給加進去的話，SELL PUT 9100 的獲利區間更大了，在8838之上都賺錢。所以說賣方的勝率比買方高很多。然而只要跌破8838賠錢是線性的，8800賠38點，8700賠138點，8600賠238點，跌越多賠越多。所以賣方停損很重要，只要你願意停損，損失無限就不會發生在你身上。

註 解

價內與價外

價外是有方向性的，對於看漲的CALL來說，還沒漲到的地方叫做價外，指數在8912，9000還沒漲到，所以9000是價外；9100還沒漲到，所以9100是價外；8800已經漲到了，所以8800是價內；8700也是價內，8900是價平。對於看跌的PUT來說，還沒跌到的地方叫做價外，已經跌到的地方叫做價內，指數在8912，8800還沒有跌到，8800是價外，8700還沒有跌到，8700是價外。CALL是指數越高越價外，PUT是指數越低越價外，CALL的價外和PUT的價外方向剛好顛倒。以下是月選擇權Ｔ字報價，每100點差一檔。

假若在8912：

CALL	PUT
9200 價外三檔	9200 價內三檔
9100 價外兩檔	9100 價內兩檔
9000 價外一檔	9000 價內一檔
8900 價平	8900 價平
8800 價內一檔	8800 價外一檔
8700 價內兩檔	8700 價外兩檔
8600 價內三檔	8600 價外三檔

依此類推

買價	賣價	成交	漲跌	成交量	規格	買價	賣價	成交	漲跌	成交量
0.3	0.4	0.3	0	30	10600	1210	2150		0	0
0.3	0.5		0	0	10400	1490	1530		0	0
0.3	0.4	0.3	▼ 0.2	53	10200	1270	1330		0	0
0.4	0.5	0.4	▼ 0.5	245	10000	1090	1130		0	0
0.7	0.9	0.7	▼ 0.5	335	9900	995	1030		0	0
0.9	1.1	1	▼ 0.6	684	9800	895	925		0	0
1.7	1.9	1.8	▼ 1.1	1265	9700	795	835	800	▲ 25	1
2.7	3	2.9	▼ 2.3	4526	9600	695	725	740	▲ 60	4
5.4	5.8	5.7	▼ 3.5	10282	9500	600	630	655	▲ 75	48
10.5	11	10.5	▼ 6	11315	9400	491	565	560	▲ 77	16
18	18.5	18	▼ 8.5	19580	9300	423	429	438	▲ 39	140
31	31.5	31.5	▼ 12.5	25349	9200	336	342	339	▲ 20	766
52	53	53	▼ 18	17928	9100	261	264	262	▲ 18	1790
85	86	85	▼ 21	19888	9000	192	194	194	▲ 13	7043
131	132	132	▼ 27	10947	8900	139	140	139	▲ 8	9133
188	189	189	▼ 31	3514	8800	96	97	97	▲ 3	11824
257	260	256	▼ 34	2217	8700	67	69	68	▲ 1	17428
335	338	335	▼ 36	876	8600	46	46.5	46.5	▲1.5	15002
421	426	426	▼ 34	186	8500	31.5	32	32	0	13070
510	520	520	▼ 30	84	8400	21	22	22	0	8144
595	620	575	▼ 65	5	8300	14	14.5	14.5	▼ 1	6635
685	715	665	▼ 85	2	8200	10	10.5	10.5	▼ 0.5	8001
785	815	775	▼ 60	39	8100	6.9	7	6.9	▼ 1	5760
890	910	850	▼ 85	64	8000	4.5	5	5	▼ 0.8	2777
980	1010		0	0	7900	2.8	3.3	3.2	▼ 1.2	2512
1060	1110		0	0	7800	2	2.3	2.2	▼ 0.9	685
1180	1220		0	0	7700	1.6	2	2	▼ 0.5	281
1270	1310	1260	▼ 70	12	7600	1.5	1.7	1.7	▼ 0.5	524
1370	1410		0	0	7500	1.2	1.6	1.6	0	194
1470	1510		0	0	7400	1.1	1.3	1.2	▼ 0.3	168

價外　價平　價內

價內　價平　價外

▲ 表2-2

　　本章節介紹四個選擇權的基本部位，BUY CALL、SELL CALL、BUY PUT、SELL PUT。這4個基本部位是有方向性的，就像操作其他金融商品一樣，順勢交易才能提高勝率，資金管理加停損才能控制風險，想辦法賺大賠小，商品特性雖不同，但是賺錢的道理是一樣的。讀者只要掌握交易的核心，擁有正確的投資觀念，擁有一套可標準化的SOP交易系統，你可以交易任何金融商品都賺錢，讀者可以進一步看我的上一本著作《獨孤求敗贏在修正的股市操盤絕技》，作為延伸閱讀。

MEMO

休息一下，記個筆記吧！馬上要進入重點囉！

Good!

第**3**堂課

交易第一口選擇權

　　投資就是要多做有益的交易，少做無益的交易。重複做好簡單的事就能帶來獲利。從最基本的選擇權 4 個策略開始了解和投資，快速掌握投資選擇權的訣竅，方向對了，你的努力就能立竿見影。

1

開始我的包租公生涯：
選擇權賣方

操作賣方記住口訣：「<u>先判方向再定空間</u>」。

SELL PUT 8900	SELL CALL 9200
方向 空間	方向 空間
看不跌 不跌破8900	看不漲 漲不過9200
（做多）	（做空）

▲ 圖3-1

　　台指選擇權操作的標的物是「台灣加權指數」，也就是俗稱的大盤。操作台指選擇權最大的好處就是不用選股，不用花很多時間研究基本面，不需要一檔一檔股票比較做研究，只需要專注在一個商品，那就是台股加權指數到底會漲還是會跌，去預測加權指數的多空和預測加權指數的區間，預測正確就賺錢，錯誤就賠錢。而選擇權商品因為到期日不同，市場上成交量大的主流商品有一個禮拜就結算的週選擇權和一個月到期結算的月選擇權，這裡探討的是一個月結算的月選擇權，也就是

討論如何操作近月結算的月選擇權賣方。

根據第二章所述，賣方有看多的SELL PUT部位和看空的SELL CALL 部位，到底該執行哪個策略呢？賣方操作勝率比較高，賣出賣權SELL PUT部位只要行情盤整或上漲都會賺錢，賣出買權SELL CALL部位只要盤整或下跌都會賺錢，似乎判斷行情的大方向，我就可以從中獲利，那我怎麼知道行情是偏多還是偏空呢？

選擇權賣方交易的第一步：辨別趨勢

第一題 2015/12/1這天，你怎麼判斷行情未來會漲還是會跌

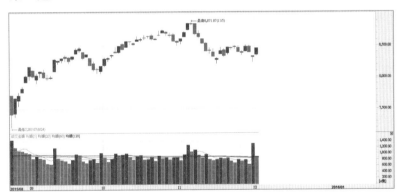

▲ 圖3-2

第二題 2016/4/25這天，你怎麼判斷行情未來會漲還是會跌

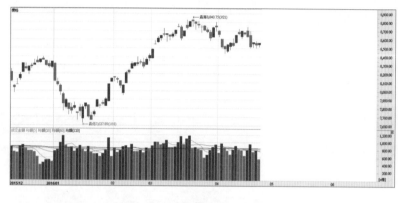

▲ 圖 3-3

第三題 2016/7/29這天，你怎麼判斷行情未來會漲還是會跌

▲ 圖 3-4

　　連續3個問題都在怎麼知道行情未來會漲還是會跌。如果你說未來是不可預測的，沒有錯，我們沒有辦法預知未來，預知未來是上帝的事，但是我們可以用科學的方法去預測未來往上或往下哪一邊的機率比較大。漲跌是機率，找機率比較大的

那一邊下注。那麼，我們要用什麼方法可以知道未來上漲或是下跌的機率比較大？答案是「趨勢」。趨勢往上的話，雖然價格短線會高低起伏捉摸不定，但是拉長時間來看價格會漸漸墊高，也就是長期來說上漲機率比較大；趨勢往下的話，價格短線有漲有跌，但是時間拉長來看，未來價格下跌機率比較大。這就是趨勢的力量，趨勢會帶領價格前進，趨勢就好比河流，過程彎彎曲曲最終流向大海。

而我們要用什麼方式來描述行情的趨勢呢？我們要用什麼樣的技術指標來指示行情的方向呢？**答案是「均線」**，我們可以用**一條均線**的方向來代表趨勢的方向，均線往上趨勢往上，均線往下趨勢往下。將剛剛3個問題畫上一條均線，問題就迎刃而解了，畫上一條均線就很清楚看到行情行進的方向，而這條均線我使用的是20日均線，因為20日均線和月選擇權是絕配。他們的週期一樣都是一個月。

第一題　將20日均線畫上來，可以滿清楚看到行情行進的方向，趨勢往下走勢往下機率比較大。這時操作選擇權賣方要做空，SELL CALL。

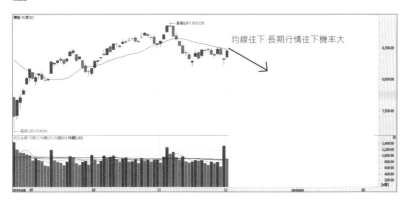

均線往下 長期行情往下機率大

▲ 圖 3-5

均線往下趨勢往下，短線走勢高高低低，但長期來說走勢
往下機率比較大。

第一題後半段走勢圖如下：

▲ 圖3-6

第二題，如下圖，我們將20日均線畫上去行情的方向就一
目了然。短線走勢難測，但是均線方向是明確的。均線往下趨
勢往下，走勢往下機率比較大。這時操作選擇權賣方要做空，
SELL CALL。

▲ 圖3-7

第二題的題目後半段走勢圖如下：

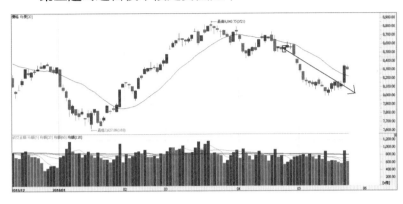

▲ 圖 3-8

第三題，如下圖，我們將20日均線畫上去，均線往上則趨勢往上，行情往上的機率比較大。這時操作選擇權賣方要做多，SELL PUT。

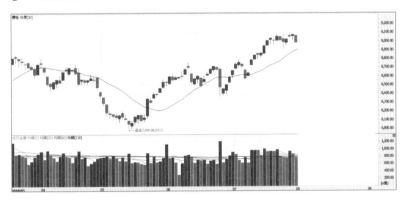

▲ 圖 3-9

第三題後半段走勢，走勢震盪往上。

▲ 圖 3-10

　　順著趨勢的方向去猜測行情未來會往哪走，勝率比較大。大部分的時候，未來的方向都是順著趨勢的方向前進，除了行情的末端。一整段上漲走勢任何時候你預測未來走勢會上漲都是對的，只有在行情的末端會出錯，既然如此，為什麼不選擇勝率高的方向去做預測呢？這就是交易選擇權賣方的第一步，先判方向。

選擇權賣方交易的第二步：定區間

　　也就是預測行情活動的天花板和地板。

　　以第一個案例來說（日期2015/12/1）

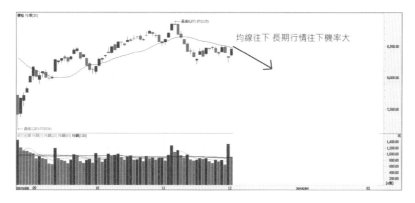

▲ 圖 3-11

　　當你決定做空以後你賣出買權，SELL CALL部位，下一件事情是要決定行情的天花板，結算日之前行情漲不過的地方。而行情漲不過的地方就是壓力，這個壓力可以從技術分析得知，也可以從籌碼面得知。我們先來看如何用籌碼面得知壓力在哪裡。

從選擇權最大未平倉量得知支撐壓力

　　我們可以看選擇權最大未平倉量得知市場公認的壓力和支撐位置。CALL最大未平倉量的位置就是市場公認的壓力，PUT最大未平倉量的位置就是市場公認的支撐。而這兩個數據是操作選擇權賣方重要的數據，就是看賣方莊家集結防守的位置。此資料可以在期交所查到。

　　賣方莊家花比較大的本金去賺取利息，大戶、主力會防守在安全的履約價，也就是行情的天花板和地板。而每一天都有

一個相對應的CALL最大未平倉量位置、PUT最大未平倉量位置，每天選擇權最大未平倉量的數據，都替大盤走勢界定一個區間。以2015/12/1來看，選擇權CALL最大未平倉量的位置在履約價8800，有3萬4899口，選擇權PUT最大未平倉量的位置在履約價8000，有2萬6347口，表示這一天市場上的莊家認為行情未來會在8000～8800之間。這就是我說的股市行情界定區間。

臺指選擇權(TXO)(行情簡表)								日期:2015/12/1
				買權				
到期月份(週別)	履約價	最高	最低	最後成交價	結算價	漲跌	成交量	未平倉
201512	8000	480	362	475	475	▲+127	198	1264
201512	8100	390	284	388	388	▲+118	314	787
201512	8200	306	206	300	300	▲+101	2230	3099
201512	8300	229	143	222	222	▲+67	7844	5919
201512	8400	162	93	155	155	▲+65	15333	13520
201512	8500	107	57	100	100	▲+42	22348	20775
201512	8600	67	33	64	64	▲+29	32865	28666
201512	8700	38	17.5	37	37	▲+17	24078	26606
201512	8800	20	8.6	20	20	▲+10.1	19854	34899
201512	8900	9.9	4.4	9.9	9.9	▲+3.5	9344	31162
201512	9000	5.1	2.4	4.9	4.9	▲+1.9	5746	32945
201512	9100	2.9	1.5	2.9	2.9	▲+0.3	3774	25897
201512	9200	1.9	1.1	1.7	1.7	0	334	14593

▲ 表3-1　2015/12/1 買權最大未平倉量在8800

臺指選擇權(TXO)(行情簡表)							日期:2015/12/1	
				賣權				
到期月份 (週別)	履約價	最高	最低	最後成交價	結算價	漲跌	成交量	未平倉
201512	7500	9	2.5	3.5	3.5	▼-8.5	9304	16245
201512	7600	10.5	3.6	3.6	3.6	▼-11.4	11538	23094
201512	7700	15	6.2	6.6	6.6	▼-13.4	14264	20517
201512	7800	21.5	8.8	10	10	▼-17	12247	19448
201512	7900	30	12	13.5	13.5	▼-24	13084	17971
201512	8000	42.5	19	19.5	19.5	▼-33.5	22087	26347
201512	8100	62	28.5	29	29	▼-43	17563	21633
201512	8200	88	42	43.5	43.5	▼-58.5	22794	20854
201512	8300	126	64	66	66	▼-73	20355	13216
201512	8400	176	96	97	97	▼-98	11795	13427
201512	8500	239	142	145	145	▼-116	5211	6480
201512	8600	314	203	206	206	▼-133	996	6905
201512	8700	398	275	278	278	▼-133	311	2037

▲ 表3-2　2015/12/1 賣權最大未平倉量在8000

　　然而，只界定區間是不夠的，還要先判斷行情的方向。若行情不斷上漲，那麼你不管是持有哪個履約價的SELL CALL空單你都會賠錢。所以方向先要正確再來界定行情的區間。

　　回到第一題，請問在2015/12/1這天，你該怎麼交易選擇權賣方？

答案是：

❶ 先判方向，均線向下所以我做空，SELL CALL。

❷ 再定區間，你看表3-1買權最大未平倉量和表3-2賣權最大未平倉量，2015/12/1這天選擇權CALL最大未平倉量的位置在8800有3萬4899口，選擇權PUT最大未平倉量的位置在8000有2萬6347口。由於方向往下所以我們選擇SELL CALL

8800。

　　只要結算那天結算價小於8800點，那麼我的部位是獲利的，結果2015/12/16結算這天結算價在8198，小於8800，則12/1這天的SELL CALL操作是獲利的，SELL CALL 8800順利獲利入袋。其實從2015/11/18這天開倉以來到2015/12/1結算期間，月線都是下彎的，任何一天你要做交易都做賣方SELL CALL，而任何一天你要交易的SELL CALL履約價都可參考選擇權CALL最大未平倉量位置，這資料可以在期交所查詢到。均線的方向代表趨勢的方向，順著趨勢的方向去交易勝率比較高。不用擔心買在最高點或空在最低點，只要你設好停損即可。

筆記 選擇權最大未平倉量哪裡查？

選擇權最大未平倉量，請上台灣期貨交易所網站查詢。

你可以在期交所網站（電腦版）的【交易資訊】裡面的【選擇權每日行情簡表】看到當天買權和賣權每個履約價的未平倉量，在這裡也可以做歷史資料查詢。每一個履約價都有留倉量，我們要找出最大的那一個，就是選擇權最大未平倉量。

下圖為期交所選擇權最大未平倉量資訊：

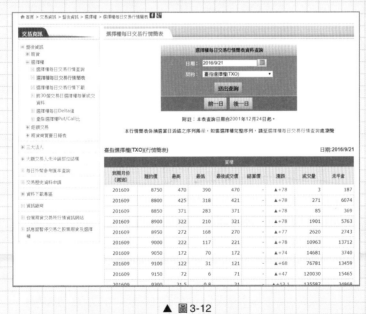

▲ 圖 3-12

回到**第二題**，2016/4/25這天，你要怎麼操作賣方？

▲ 圖 3-13

答案是：

❶ 先判方向，先把20日均線畫上去，均線向下所以我做空，
SELL CALL。

❷ 再定區間，上期交所查資料，2016/4/25這天選擇權CALL
最大未平倉量的位置在8800有2萬5333口，選擇權PUT最
大未平倉量的位置在8200有1萬9130口。最大未平倉量告訴
我們市場主力認為行情的區間在8200到8800之間。8200就
是市場所公認的「**地板**」，8800就是市場所公認的「**天花
板**」。但不是在這一天SELL CALL 8800 和 SELL PUT 8200
放到結算都會賺錢，還有一個很重要的因素就是加上「方
向」。當趨勢往下SELL CALL 8800 幾乎是十拿九穩，SELL
PUT 8200 就不一定了！空頭行情建議不要持有多方部位，
我經歷2008年的超級大空頭，台股從9309點跌到3995，深
知空頭行情持有多單是一件蠢事，持有SELL PUT部位就是

做多，不要持有任何會讓你倒楣的部位。

綜合第一步判方向和第二步定區間的結論，我們選擇做空，天花板是8800，於是我們SELL CALL 8800。

臺指選擇權(TXO)(行情簡表)								日期:2016/4/25
買權								
到期月份 (週別)	履約價	最高	最低	最後成交價	結算價	漲跌	成交量	未平倉
201605	8100	449	420	445	445	▲+15	27	178
201605	8200	370	338	360	360	▲+13	114	359
201605	8300	288	250	282	282	▲+15	412	1175
201605	8400	213	180	206	206	▲+14	1122	3435
201605	8500	146	119	140	140	▲+10	4718	11227
201605	8600	92	73	87	87	▲+5	6057	12176
201605	8700	52	40.5	49	49	▲+2	8278	16888
201605	8800	26	19.5	24	24	▲+0.5	10026	25333
201605	8900	12.5	8.7	10.5	10.5	▼-0.5	7795	19198
201605	9000	5.8	3.8	4.3	4.3	▼-0.8	4442	17759
201605	9100	2.3	1.5	1.6	1.6	▼-0.7	2413	13842

▲ 表3-3　2016/4/25 買權最大未平倉量在8800

臺指選擇權(TXO)(行情簡表)								日期:2016/4/25
賣權								
到期月份 (週別)	履約價	最高	最低	最後成交價	結算價	漲跌	成交量	未平倉
201605	7600	4.7	2.7	2.8	2.8	▼-1.6	528	5233
201605	7700	6.5	3.9	3.9	3.9	▼-2.5	2174	6459
201605	7800	10.5	6.2	6.4	6.4	▼-4.1	2559	8997
201605	7900	15	9.3	9.6	9.6	▼-4.9	3095	9415
201605	8000	22.5	14.5	15	15	▼-6	4931	17580
201605	8100	33	22.5	23	23	▼-7.5	6253	13678
201605	8200	48	34	35.5	35.5	▼-9.5	6468	19130
201605	8300	70	51	52	52	▼-13	7471	18774
201605	8400	100	74	77	77	▼-15	5941	17448
201605	8500	139	107	110	110	▼-21	7274	13315
201605	8600	193	153	159	159	▼-23	2499	5915

▲ 表3-4　2016/4/25 賣權最大未平倉量在8200

　　2016/4/25，進場時的大盤指數在8560，結算那天的大盤指數在8159，下跌400點的過程中若你持有多單，你不擔心帳上的虧損嗎？你不擔心你所認為的「地板」被跌破嗎？你不擔心你SELL PUT的履約價被貫穿嗎？事實上這段下跌的日子SELL PUT最大未平倉量的位置會被跌破，莊家只好停損向後撤退。

　　結論是方向正確很重要，不要站在錯誤的那一邊，就不用停損再停損！

　　回到**第三題**，請問在2016/7/29這天，你該怎麼交易選擇權賣方？

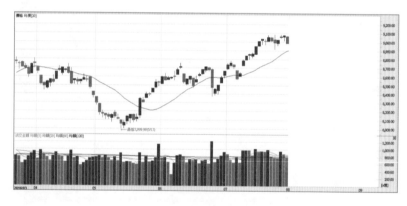

▲ 圖 3-14

答案是：

❶ 先判方向，均線向上所以做多，SELL PUT。

❷ 再定區間，你看下圖，2016/7/29這天選擇權CALL最大未平倉量的位置在9300有3萬6132口，選擇權PUT最大未平倉量的位置在8500有2萬4443口。籌碼告訴我們天花板在9300的位置，地板在8500的位置。

❸ 結合方向和區間兩個觀點，我們選擇SELL PUT 8500。

臺指選擇權(TXO)(行情簡表)								日期:2016/07/29
買權								
到期月份 (週別)	履約價	最高	最低	最後成交價	結算價	漲跌	成交量	未平倉
201608	8500	535	420	420	420	▼-85	111	1333
201608	8600	440	330	331	331	▼-77	199	3676
201608	8700	350	250	251	251	▼-72	549	3067
201608	8800	271	179	180	180	▼-66	1495	4822
201608	8900	199	120	122	122	▼-56	4532	14970
201608	9000	137	74	77	77	▼-43	9740	22451
201608	9100	91	43.5	43.5	43.5	▼-34.5	16946	27386
201608	9200	55	24	24	24	▼-23	20414	31545
201608	9300	32	12.5	13.5	13.5	▼-12.5	16475	36132
201608	9400	17	6.4	6.5	6.5	▼-7.5	10782	22549
201608	9500	9.2	3.3	3.3	3.3	▼-4.2	9404	18304
201608	9600	4.4	1.4	1.4	1.4	▼-1.9	2615	11744
201608	9700	2.2	0.8	0.8	0.8	▼-1	901	5888

▲ 表3-5　2016/7/29 買權最大未平倉量在 9300

臺指選擇權(TXO)(行情簡表)								日期:2016/07/29
賣權								
到期月份 (週別)	履約價	最高	最低	最後成交價	結算價	漲跌	成交量	未平倉
201608	8000	3.1	2.5	3	3	▼-0.1	1387	12617
201608	8100	4.7	3.5	4.5	4.5	0	1247	10322
201608	8200	7	4.9	6.8	6.8	▲+0.1	3168	14511
201608	8300	11	7.7	10.5	10.5	▲+0.7	3207	15434
201608	8400	17	12	17	17	▲+2.5	4664	19672
201608	8500	26.5	18	26	26	▲+4	7615	24443
201608	8600	40	26.5	39.5	39.5	▲+8.5	8576	23329
201608	8700	60	39.5	58	58	▲+12	12096	23759
201608	8800	89	58	86	86	▲+19	11745	16459
201608	8900	130	86	128	128	▲+29	10286	14396
201608	9000	184	125	180	180	▲+37	5017	6809
201608	9100	254	176	251	251	▲+49	1531	2858
201608	9200	333	242	333	333	▲+64	671	867

▲ 表3-6　2016/7/29 賣權最大未平倉量在 8500

技術分析決定支撐壓力

當然，為了提升報酬率可以上移SELL PUT履約價的位置，均線具有支撐的作用，故我們可以將「地板」上移到20日均線的位置8900，SELL PUT 8500 所收的權利金是26點。SELL PUT 8900 所收的權利金是128點。SELL PUT 8900賺的比SELL PUT 8500 高得多。

▲ 圖3-15　2016/7/29 進場到 2016/8/17
結算可以用均線位置當作SELL PUT位置

由上圖看出，2016/7/29開始到2016/8/17結算日截止，任何一天都可以用均線的位置當作SELL PUT 的履約價位置。賣

比較近的履約價換取比較高的權利金收入，這是一個提高投資報酬率的交易方式。當然，不是順勢操作永遠都會賺錢，若是如此世上就沒有窮人了。例如在下圖A點順勢做空、B點順勢做多都會賠錢，順勢操作會錯在行情的盡頭，所以為每一筆交易設定停損是必須的。

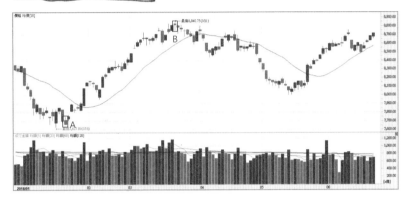

▲ 圖3-16

相信經過3個練習題，讀者應該有概念如何操作選擇權賣方賺錢，就是記住口訣「**先判方向、再定區間**」。而任何交易都要設定停損，尤其是操作衍生性金融商品更是需要嚴格執行停損來控制風險，我所見過選擇權賣方投資者輸大錢的原因都一樣，買太多加上不停損。希望這件事不會發生在讀者身上，若你看了我的書而對於風險做好防範和控制，這也算是大功一件，不枉費我的用心。

選擇權賣方停損方式

❶ 最慢50%停損

選擇權賣方是用本金賺利息的生意，只是是利息很高的高利貸生意，沒有必要為了利息賠掉本金。所以我們必須堅持損失不可超過我們所收的利息。而我定義我最多可以賠掉我所收利息的一半，若我收了20萬的權利金，那麼我最多不能賠10萬，若我收了10萬的權利金，那麼我最多不能賠超過5萬，做到這點就是賺賠比設定在2：1。選擇權賣方一開始最多賺多少是固定的、獲利有限，要駕馭好「獲利有限」「風險無限」的商品，我們更需要做到「損失有限」，不是嗎？我們用順勢交易來提高交易的勝率，用控制風險來做到賺大賠小，勝率超過五成又做到賺大賠小，長期下去你會是贏家。

而如何判斷損失不會超過所收的權利金的一半？可看權利金報價，權利金成長50%出場。例如當你SELL PUT 9000收100點權利金，當9000 PUT權利金成長到150點，你損失50點，損失50%你必須停損出場。若你SELL CALL 9800 收50點權利金，這50點就是你這筆交易的最大獲利，則當9800的CALL權利金漲到75點要停損，此時賠25點，賠掉最大獲利50點的一半。當然你可以提早離場，50%是建議的最慢出場點。

❷ 最慢穿價停損

當指數價格穿越你賣方的履約價，你必須停損。例如當你SELL PUT 9000，則行情跌破9000你必須停損出場，若你SELL CALL 9200，當行情漲過9200你一定要停損出場，這是保護自

己。因為當你的履約價被穿價以後賣方賠錢是加速度，必須要停損。賣方會產生巨大損失都是放任指數價格穿越自己所賣的履約價而不處理，只要願意停損，賣方不會風險無限。

　　以上兩個最慢的停損原則，不管哪個發生就出場，這兩個鐵則是投資人的保護傘，一定要遵守。而我風險控制得更小，行情跟想的不一樣就出場，不會等到最後底線到了才認輸。

2 買樂透不如買選擇權：
選擇權買方

操作買方記住一個口訣，方向、時機與目標價。

BUY CALL	9200		BUY PUT	8900
方向	目標價		方向	目標價
看漲 （做多）	看漲到9200		看跌 （做空）	看跌到8900

▲ 圖 3-17

買方是一個高倍數獲利的商品，獲利倍數高的商品勝率通常是低的，這樣才公平。就像是花100元買彩券就有獲利上億的希望，彩券的中獎機率一定是很低很低的。根據台灣彩券公開的資訊，大樂透中獎機率為1398萬分之1，威力彩中獎機率為2209萬分之1，差不多是台灣2300萬人口只有一個人會中獎，可見其機率之低。如果這樣說你還沒感覺，我們就說

我要中-億元!!

打雷吧，被雷打到的機率為50萬分之1，等於中一次頭彩比被雷劈40次還難。還在做樂透夢嗎？與其買樂透不如買選擇權。選擇權買方勝率比中樂透高多了，但是要賺錢也要看準時機出手才行。選擇權買方賺錢的條件比賣方還嚴苛許多，除了行情的方向要看對以外，行情發動的時間與行情行走的距離都要掌握，有許多選擇權交易者有過相同的經驗，我買進選擇權買方，多空方向看對了，但是進場以後大部分時間在盤整，而且行情只是小漲小跌，以至於我的買方不但沒賺錢還賠錢。**買方是賺速度盤，賺波動財，最好進場沒多久行情就發動，而且距離夠遠。**

有許多選擇權新手問為何我的方向明明看對，可是我買的選擇權買方沒有獲利？我做多今天台股大漲100點，但是我的買方不漲反跌？這是因為市場評估在結算日前行情不會漲到你所買的履約價，所以給你的買方很低的漲幅或是反而是跌價。選擇權買方在結算日這天決定有無價值，當結算的時候結算價沒有漲到（或跌到）買方所指定的履約價，權利金價值會歸零，毫無價值。所以市場會評估以現在的漲幅和速度，到結算日那天會不會漲到你所買的履約價合約，若希望渺茫，則你所買的買方商品不會漲，你賺不到錢。所以選擇權買方除了方向看對以外還要加一個重要條件，行情的目標價，只要行情接近你所指定的目標價，你的買方就會大放異彩，只要行情穿越你所指定的目標價，你的買方獲利就暴衝。

下圖是2016/9/26選擇權週選T字報價表。台指期跌82點，行情跌但不是每一個看空的PUT都上漲，藍色框框圈起來的地

方權利金是不漲反跌的，足以說明買方方向看對未必賺。

TAO	台指期								2016/09W4	
買價	賣價	成交	漲跌	成交量	規格	買價	賣價	成交	漲跌	成交量
0.1	0.2	0	0	0	10000	78	1210	0	0	0
0.1	0.2	0	0	0	9900	434	1110	710	▲ 75	7
0.1	0.2	0	0	0	9800	334	1010	610	▲ 75	20
0.1	0.2	0.1	▼ 0.1	24	9700	234	905	510	▲ 75	20
0.1	0.2	0.2	0	786	9600	136	805	359	▲ 24	1
0.1	0.2	0.1	▼ 0.2	5	9550	94	700	0	0	0
0.1	0.2	0.1	▼ 0.5	1937	9500	311	318	0	0	0
0.2	0.3	0.2	▼ 2.4	3562	9450	261	269	265	▲ 80	3
0.3	0.6	0.4	▼ 6.2	21303	9400	213	218	214	▲ 73	443
1.4	1.5	1.4	▼ 13.6	28892	9350	166	167	166	▲ 66	1596
3.9	4	3.9	▼ 28.1	34447	9300	118	120	119	▲ 54	11658
10.5	11	11	▼ 46	48164	9250	75	76	76	▲34.5	21673
28.5	29	29	▼ 59	36309	9200	43	44	44	▲19.5	39891
57	58	57	▼ 73	16249	9150	23	23.5	23	▲ 10	38305
95	96	94	▼ 77	3773	9100	10.5	11	11	▲ 4	29039
138	143	140	▼ 78	361	9050	5.1	5.2	5.1	0.8	15049
184	192	184	▼ 83	131	9000	1.8	1.9	1.8	▼ 0.8	20502
53	735	238	▼ 77	13	8950	1	1.1	1	▼ 0.8	3593
279	365	279	▼ 86	32	8900	0.7	0.8	0.7	▼ 0.5	3824
168	1340	395	▼ 70	7	8800	0.3	0.5	0.4	▼ 0.4	1585
380	965	0	0	0	8700	0.1	0.4	0.4	▼ 0.2	431
490	995	590	▼ 75	20	8600	0.2	0.3	0.4	0	180
466	1090	690	▼ 75	10	8500	0.1	0.3	0.3	▲ 0.2	10

▲ 表3-7　台指期下跌82點，但是遠價外的PUT不漲反跌，買方是看對方向未必賺。

光看對還不夠，還必須出手時機要準確，設定的目標價要來，而且要越快來越好，如果設定的目標價不來，權利金終究會下跌，最後歸零。

以2016/9/29的行情為例，由於9/27（二）、9/28（三）連續兩天放颱風假，所以原本9/28週三結算的週選擇權延期到9/29週四結算。9/29這天在放了兩天颱風假之後台指期一開盤就往上跳空74點，9點現貨開盤後雖有小幅回檔，但是在9點

55分開始行情上攻，10點30的時候現貨拉到9303.13的高點，期貨拉到9297，這時台指上漲145點漲幅不小。之後賣壓出籠走勢漸漸下跌，台指期收盤的時候下跌到9253，漲幅縮減為101點，台股收盤為9270，這一天的201609W4週選結算價格為9287（結算價以加權指數收盤前30分鐘內所提供標的指數之算術平均價訂之，註解會詳細解釋）。行情曾經漲到9300但是結算價格只有9287，這表示結算的時候9250的CALL有價值，9300的CALL毫無價值。這也就是為什麼這天期貨行情盤中大漲145點收盤大漲101點，但最後9250的週選CALL翻3倍，9300的CALL陣亡。一樣是看多，一個大賺一個大賠。要投資選擇權買方，不是只有方向看對就好，履約價的選擇也很重要。

註 解

選擇權結算價

期交所規定，台指期貨和台指選擇權的最後結算價的計算方式是，結算日當天收盤前**30分鐘**的加權指數平均價，也就是**13:00**（不含）到**13:25**這段時間，加上最後一筆的收盤價的平均價格。

當然我們不需要親自去計算，基本上結算日當天，當天結算的合約的收盤價就差不多會是結算價，有時會誤差**1、2**點左右，要有更確定的價格的話，當天下午**3**點**30**分後上期交所網站就可以查到結算價，就如下圖所表示的位置點進去就可以找到了。

▲ 圖 3-18

進階看盤技巧選擇權價格背離

　　這裡透露一個進階的操作技巧，可以從買方的報價看出期貨是不是漲不動。前面有提到，選擇權的價格是根據市場認定有無結算價值，若是市場認為以現在的台指期走勢繼續下去沒有結算價值，則選擇權價格會漲不動甚至下跌。我們可以用這邏輯反推，若期貨創新高但是價外一檔的選擇權CALL的價格不漲反跌，那表示行情漲不動了，CALL的追價意願弱，賣的人多買的人少，反映在價格上就是價格下跌。索羅斯說：「**最棒的交易是不需仰賴預測，交易已經發生的事實**。」我們來對照2016/9/29這一天的期貨走勢圖與週選擇權9300 CALL價格走勢圖，當期貨價格創新高，但是價外一檔的CALL價格反而下跌，表示市場已經發生的事實是：**期貨漲不動了，CALL的價格告訴你了。**

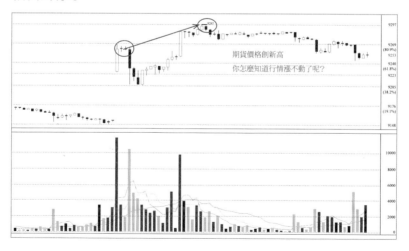

▲ 圖3-19　2016/9/29期貨5分K走勢圖

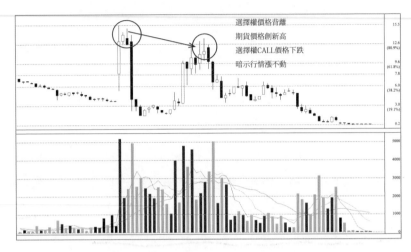

選擇權價格背離
期貨價格創新高
選擇權CALL價格下跌
暗示行情漲不動

▲ 圖3-20　2016/9/29 週選擇權 09W4 9300 CALL 5分K走勢圖

買方履約價選價外一檔

　　經過上文敘述期貨和選擇權的報價關係，讀者應該對於選擇權買方能不能賺錢更有概念。那要怎麼判斷行情的目標價呢？我該買哪一個履約價呢？計算目標價是技術分析的內容，可以長篇大論，這裡提供讀者一個簡單聰明的方法，就是永遠買價外一檔的履約價，這是最容易達陣的「目標價」。週選擇權價外一檔差50點，月選擇權價外一檔差100點，再漲50點、100點就到的地方勝率最高。不要買價外太多檔那機率很小。買方不管怎麼買槓桿都很高，槓桿高的情況下追求的是如何將勝率提高。

　　當你看多，台指指數在8932，你買週選擇權買方做多的話

買BUY CALL 8950，做空的話買BUY PUT 8900。你買月選擇權，買方做多的話買BUY CALL 9000，做空的話買BUY PUT 8900。價外一檔選擇權也是市場成交量最大最活躍的商品。

買方進場方式

買方進場比賣方難，除了考慮到方向看對以外，最好還要馬上發動，以免損失時間價值。買方也要避免追高殺低，以免買在高點價格快速下跌。在這裡提供讀者兩招選擇權買方短線操作的進場方式。

做多第一招—仙人指路

選擇權買方看期貨走勢圖來操作，期貨出現做多進場訊號進場BUY CALL，當期貨出現多單出場訊號就把BUY CALL平倉，選擇權買方短線操作看台指期的5分K，搭配20MA與60MA。

當K線價格第一次站上短均20MA與長均60MA，且K線收紅，走勢有利多方，做多BUY CALL。這裡均線的方向不拘，最好是兩條均線都是往上走。

K線收紅：多

短均20MA上揚：多

長均60MA上揚：多

以下所有案例舉例買方都是買價外一檔：

下圖是2016/9/21台指期5分K，B1和B2是做多點，這裡K線收紅價格突破20MA與60MA，停損守進場當根K線的低點。看期貨操作選擇權，出現買訊進場BUY CALL，當價格跌破期貨K線的低點則BUY CALL停損出場。這一天的9100 CALL週選價格從31漲到最高曾經達到121，漲幅可觀。

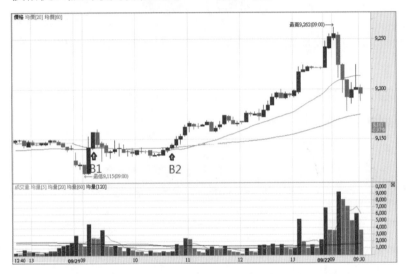

▲ 圖3-21　2016/9/21台指期5分K

9月21日的例子當天上漲79點收一根實體的紅K，選擇權買方要會賺錢的前提是行情有走出方向，至少在短線上有走一段，**有波動買方才會賺**。而短（5分K線）、中（20MA）、長（60MA）都同方向比較容易走出一段行情。

　　下圖是2016/9/19台指期5分K，B點是做多點，這裡K線收紅價格突破20MA與60MA，停損守進場當根K線的低點，看期貨操作選擇權，出現買訊進場BUY CALL，當價格跌破期貨K線的低點則BUY CALL停損出場。這一天的9000 CALL週選價格從28漲到最高曾經達到153，漲幅可觀。

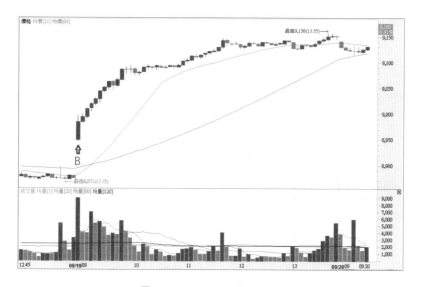

▲ 圖3-22　2016/9/19台指期5分K

　　9月19日這天行情開高走高大漲274點，承接剛剛說的有波動買方才會賺錢。這一天波動這麼大買方會賺大錢，這裡提一下順勢交易的重要性，就算行情跳高80點，你已經覺得漲很多了，但只要買盤源源不絕走勢就會漲不停。其實跳高漲過60點是一個強勢的開盤，只要開盤以後第一根K線就收紅，那是強勢的攻擊訊號。這時候很適合做買方，上漲要做BUY CALL，

可以有倍數的獲利。

　　下圖是2016/9/6 台指期5分K。B點是做多點，這裡K線收紅價格突破20MA與60MA，停損守進場當根K線的低點。看期貨操作選擇權，出現買訊進場BUY CALL，當價格跌破期貨K線的低點則BUY CALL停損出場。這一天的9100 CALL週選價格從26.5漲到最高曾經達到86，只要有行情，一天翻數倍不難。

▲ 圖3-23　2016/9/6 台指期5分K

　　下圖是2016/9/7 台指期5分K。B點是做多點，這裡K線收紅價格突破20MA與60MA，停損守進場當根K線的低點，看期貨操作選擇權，出現買訊進場BUY CALL，當價格跌破期貨K線的低點則BUY CALL停損出場。這一天的9150 CALL週選價格從31漲到最高曾經達到111，只要有行情，一天漲兩倍不難。

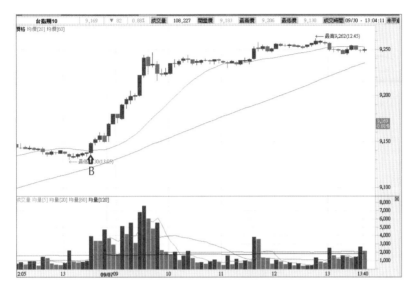

▲ 圖3-24　2016/9/7台指期5分K

　　9月6日和9月7日的案例是連續兩根實體紅K，我想讀者到目前應該了解，BUY CALL多單只有在**實體紅K**的日子才會賺錢。只是收盤以後選擇權買方已經賺很多錢了，要不要獲利出場？出場如果隔天繼續漲呢？不出場如果隔天下跌造成獲利回吐呢？要不要獲利出場永遠是投資人會面對的兩難，其實根據我的經驗，滿多投資者都有賺就跑落袋為安，不會等到收盤，也不會等到明天，大家對於賺錢是害怕的，對於賠錢卻是勇敢的。在上一本著作《獨孤求敗贏在修正的股市操盤絕技》裡面有提到，操作的過程是先從虧損換獲利，賺錢以後是拿獲利來換取更大的獲利，只有不小賺出場才有大賺出場的可能。操作股票是如此，操作選擇權也是如此。用選擇權買方操作多了一

些彈性選擇，例如用ROLLING策略，就是獲利現有的買方部位，然後轉買更遠更價外的履約價的買方部位，隨著行情不斷上漲不斷上移履約價，稱為滾動策略。ROLLING策略的變化就很多，你可以選擇獲利出場，再拿部分的錢去持有新的買方部位，既可落袋為安又可繼續持有看多的權利。你也可以將賺來的錢全部拿來買更便宜的價外履約價，讓口數變大獲利也倍增。例如9月6日9100的CALL 權利金從26.5 漲到86，可以獲利出場賺59.5點，這時你有兩個選擇：

選擇一，保守策略 ── 等口數ROLLING

拿這賺來的59.5點其中31點去買更價外的CALL 9150，繼續保有參與看多賺錢的機會並且留下28.5點的獲利。

選擇二，積極策略 ── 倍增口數ROLLING

用賺來的錢全部拿去買更價外更便宜的合約，口數可以倍增。用賺來的59.5點再添加一點點錢就可以買兩口 9150 CALL 31點權利金。當你口數變兩倍你的獲利也變成兩倍。一口變兩口、兩口變四口、四口變八口 …… 這個時候倍數獲利的不是只有你的價差，還有你的交易口數，兩項同時倍數成長是很恐怖的事。價差獲利有3倍，口數兩倍，乘起來就是6倍。你看，這是利滾利策略。

選擇權很靈活，你可以選擇保守的方式操作，也可以選擇積極的方式操作，要落袋為安還是要向錢衝，取決於你的風險承受度。

以上舉的都是成功的例子，作為一個負責的作者必須要舉失敗的例子，以免誤導讀者這個方法一定賺錢，到時候產生

「看書上舉的例子都對，等到我實際操作就不對」的負面想法。事實上沒有一定賺錢的方法，就連把錢存到銀行都不見得賺錢，現在各國央行實行負利率政策，把錢存到銀行不但領不到利息，你還要給銀行錢，你說有什麼是一定賺錢的呢？我們只不過是在價格的波動之中低買高賣賺取價差罷了，判斷錯誤就停損出場，不用再解釋這麼多。

　　下圖是2016/9/29 台指期5分K，B點是做多點，這裡K線收紅價格突破20MA與60MA，停損守進場當根K線的低點。這個範例就是停損出場的狀況。

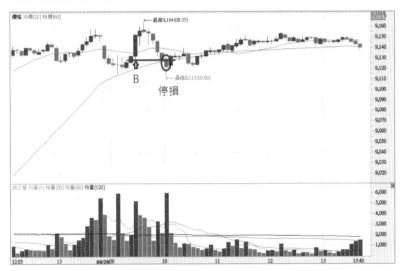

▲ 圖3-25　2016/9/29 台指期5分K

做空第一招一棒打落水狗

選擇權買方看期貨走勢圖來操作，期貨出現空訊則進場
BUY PUT，期貨出現空單出場訊號就把BUY PUT平倉。如前
面我們提到的，選擇權買方短線操作看台指期的5分K，搭配
20MA與60MA。

當K線價格在短均20MA和長均60MA之下，且K線收黑，
走勢有利空方，就可以BUY PUT。這裡均線的方向不拘，因
為剛開始起跌時，均線還來不及轉彎，可能還在上揚還沒翻
空，不過價格走勢已經跌破長短兩條均線，就是說明走勢已經
轉弱，短線的價格走勢（K線）會帶著長線的均線由多翻空，
當然，若兩條均線都是下彎當然是加分的。

K線收黑：空

短均20MA下彎：空

長均60MA下彎：空

3個方向都空有助走勢下跌。這是走勢最弱的時候，棒打
落水狗。

我們來看看例題，下圖是2016/9/26 台指期5分K。我們A
點放空，這裡價格收黑且跌破20MA與60MA。

停損守進場當根K線的高點。看期貨操作選擇權，出現空
訊進場BUY PUT，當價格漲過期貨K線的高點，則BUY PUT停
損出場。這一天的9250 PUT週選價格從44漲到最高曾經達到
76，9200 PUT從24.5漲到44，買方獲利速度快。

▲ 圖3-26　2016/9/26 台指期5分K

　　9月26日的台指期是一根實體長黑，實體長黑這天操作選擇權買方BUY PUT會賺錢。而行情要大跌，短（5分K線）、中（20MA）、長（60MA）都走空比較有機會大跌。

　　再看看另一個例子，下圖是2016/9/13 台指期5分K，A點放空，這裡價格收黑且跌破20MA與60MA。

　　停損守進場當根K線的高點。看期貨操作選擇權，出現空訊進場BUY PUT，當價格漲過期貨K線的高點，則BUY PUT停損出場。

▲ 圖 3-27 2016/9/13 台指期 5 分 K

　　9月13日的走勢是急跌後再急彈，日K收一根長下影線，當天不是長黑K。舉這個例子是讓讀者知道K線是變動的，盤中大跌不代表收盤的時候也大跌，操作選擇權買方到底要何時獲利出場？我覺得第一個你可以設定回本出場，不要讓賺錢單變成賠錢單；第二個你可以用移動停利的方式去確保你的獲利。

　　「回本出場」的意思是不要讓賺錢的交易變成賠錢的交易，本來看對方向賺了錢，後來行情走反向走回進場成本的時候出場，帳面損益從正數變成負數之前先出場。如果你覺得從賺錢變成賠錢對心理上會是一項打擊的話，那你可以用回本出場的方式交易。這樣做並沒有所謂的好與壞，只有適不適合你的個性，這由投資人自行決定是否要這樣做。

　　「移動停利」的意思是停利的價格跟在價格行進方向的後面，亦步亦趨。移動停利的方式很多，有均線移動停利法、近期K棒移動停利法、轉折高低點移動停利法、最常見也最普遍的方式是最高點拉回（最低點反彈）固定點數移動停利。例如，設定固定40點移動停利，空單進場價格在8390，行情跌到8330的時候停利價格在8370、行情跌到8300的時候停利價格在8340、行情走到8247的時候停利價格在8287，任何時候只要從最低點反彈超過40點就會停利出場。**行情前進的方向與移動停利的軌跡，如下圖所示，價格不斷往下走，藍色的移動停利線不斷的往下跟進，價格沒有反彈到移動停利價之前不會出場。**

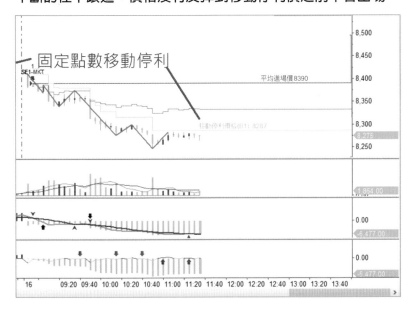

▲ 圖 3-28　固定點數移動停利

下圖是2016/9/12 台指期5分K，在A點放空，這裡價格收黑且跌破20MA與60MA。

停損守進場當根K線的高點。看期貨操作選擇權，出現空訊進場BUY PUT，當價格漲過期貨K線的高點，則BUY PUT停損出場。

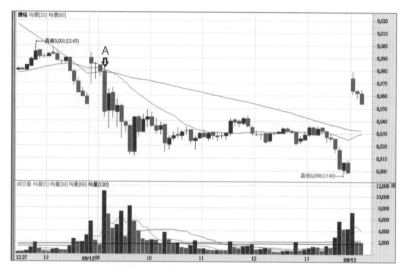

▲ 圖3-29　2016/9/12 台指期5分K

9月12日是一根實體長黑，實體長黑做空BUY PUT會賺錢，這天黑K高低差差了103點，8900的PUT週選從13.5漲到40.5漲幅不少，這天的週選漲幅如下：

到期月份 (週期)	履約價	最高	最低	最後成交價	結算價	漲跌	成交量	未平倉
201609W2	8600	4	1.2	3.7	3.7	▲+1	5469	5850
201609W2	8700	8.2	2.4	7.8	7.8	▲+2.9	15957	10918
201609W2	8800	18	5.5	18	18	▲+7.5	26628	19195
201609W2	8850	27.5	9	27.5	27.5	▲+11	26989	9302
201609W2	8900	40.5	13.5	40.5	40.5	▲+17	40267	23736
201609W2	8950	62	20	61	61	▲+25	46287	19485
201609W2	9000	89	36.5	89	89	▲+33	37312	16901
201609W2	9050	127	59	126	126	▲+43	19892	7216
201609W2	9100	172	89	172	172	▲+51	9173	4075

▲ 表3-8

　　下圖是2016/9/9 台指期5分K，在A點放空，這裡價格收黑且跌破20MA與60MA。

　　停損守進場當根K線的高點。看期貨操作選擇權，出現空訊進場BUY PUT，當價格漲過期貨K線的高點則BUY PUT停損出場。

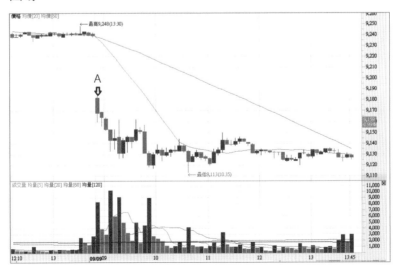

▲ 圖3-30　2016/9/9 台指期5分K

9月9日也是一根黑K，這天是先往下跳空再向下跌，這就是之前說的趨勢盤，**大跳空 ＋ 第一根黑K就收黑就是空方盤**，可以進場BUY PUT，這一天的週選PUT漲幅如下：

賣權								
到期月份 （週期）	履約價	最高	最低	最後成交價	結算價	漲跌	成交量	未平倉
201609W2	8950	6.4	3	4.4	4.4	▲+2.4	11012	12865
201609W2	9000	12	4	8.5	8.5	▲+5.3	17861	13922
201609W2	9050	21.5	10	16.5	16.5	▲+10.8	17115	10145
201609W2	9100	36.5	18	29	29	▲+17.5	28041	13684
201609W2	9150	58	30	49.5	49.5	▲+30.5	29161	9799
201609W2	9200	87	49.5	78	78	▲+46	20274	8857
201609W2	9250	123	76	113	113	▲+61	13012	6368
201609W2	9300	165	107	156	156	▲+79	3257	1265
201609W2	9350	210	135	206	206	▲+94	996	433
201609W2	9400	255	180	251	251	▲+100	322	261

▲ 表3-9

以上舉的都是成功的案例，不可能有保證賺錢只對不會錯的進場點，所以我都給停損的設定，停損設在進場K線的高點。

接著來看看失敗的案例。

下圖是2016/9/22 台指期5分K，在A點放空，這裡價格收黑且跌破20MA與60MA。停損守進場當根K線的高點。這範例就是停損出場的狀況。

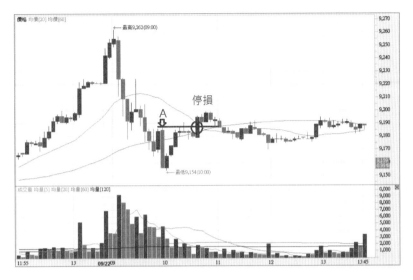

▲ 圖3-31　2016/9/22 台指期５分Ｋ

　　不會有百分百正確的進場點，必須靠停損來防止錯誤擴大。進場設停損是基本功，在我的上一本著作《獨孤求敗贏在修正的股市操盤絕技》這本書也有強調這個重點。

　　再多舉一個失敗的案例，訊號發生不見得會大跌，但是大跌訊號一定發生，就好像下雨天和地上濕是一樣的，只要下雨天地上會濕濕的，但是地上濕濕的未必是下雨天，可能是有人潑水。技術分析只是機率，可能失敗也可能成功。進場設停損控制損失是基本要做的。

　　下圖是2016/9/20 台指期5分K，A點放空，這裡價格收黑且跌破20MA與60MA。停損守進場當根K線的高點。這個範例也是停損出場的狀況。

▲ 圖3-32　2016/9/20 台指期5分K

　　選擇權買方擁有賺錢速度快的特色，但缺點也是賠得快。買方比較能夠在大波動中獲利，以短線交易來看，當天大漲大跌是買方中樂透的日子。買方最喜歡長紅日K和長黑日K，最不喜歡盤整十字日K。除了加強能力判斷當日有無行情以外，從停損的設定、部位規模的控制來限制最大風險，是交易第一步，也是重要的一步。投資人不可忽視風險管理的重要性，而只沉迷於技術分析和神奇的進出點，只把視覺專注在倍數獲利上。

更多買方操作案例，教學網址 http://optree.com.tw/ad/option-06.html

3

開戶

經過上面章節介紹如何做賣方當包租公，如何投資買方倍數獲利，我相信大家應該充滿興趣迫不及待想要開始交易了，要怎麼開始呢？當然是先找一家優良期貨商開戶。

選擇優良期貨商開戶

充滿魅力的選擇權，要怎麼開啟自己的選擇權交易呢？首先，你要選擇開戶下單的**期貨商**，很多人會因為手續費的高低而選擇下單的期貨商，通常較具規模的期貨商手續費較貴，規模較小的期貨商手續費較便宜。在選擇期貨商時，我比較重視**下單的速度**、**系統穩定度**和**下單系統功能**勝於手續費的高低，多花一點的手續費是值得的。

哪一家期貨商系統比較穩定、功能比較好用，使用者不妨打聽一下，當你選定要在哪一家公司下單以後，這裡提供一個小訣竅，正常情況下到期貨商開戶手續費會比到券商開戶低。因為券商是期貨商的下手，它有它的營運成本，手續費會比期

貨商高，例如日盛期貨的選擇權手續費比日盛證券低，富邦期貨的選擇權手續費比富邦證券低，元大期貨的選擇權手續費比元大證券低……所以當你選定以後，到期貨總公司開戶手續費通常會比較便宜。各家期貨商總公司的聯絡資料如下表。當然，如果你有成交量的話，不管到哪家期貨商下單手續費都會低。除了手續費考量，對投資人比較重要的是以下三項：

❶ 下單系統的穩定度

斷線是致命的傷害。偏偏斷線大多發生在行情快速奔跑、下單量大的時候，這時候斷線是很致命的，損失遠遠超過手續費的減免，所以在大品牌的期貨商下單比較有保障。

❷ 下單系統功能強度

下單系統的速度、功能強度，對於以電子交易為主的投資人來說非常重要，好的系統成本不低，多花一點錢得到比較好的服務品質，是值得的。

❸ 營業員的專業和服務

對於新手來說，選擇一個有耐心肯教你的營業員，是最寶貴的事；對於專業投資人來說，選擇一個能夠即時且專業服務的營業員，是重要的事。

筆記 期貨商總公司明細表

期貨商名稱	地址	電話
國泰期貨	台北市敦化南路二段333號19樓部分、335號10樓部分	（02）23269899
永豐期貨	100台北市中正區重慶南路一段2號8樓	（02）23811799
凱基期貨	台北市重慶南路一段2號6樓部分、12樓及13樓	（02）23619889
國票期貨	台北市南京東路五段188號8樓、8樓之1、8樓之10	（02）27683998
日盛期貨	台北市南京東路二段111號4樓	（02）25042088
統一期貨	台北市東興路8號地下1樓之1	（02）27488338
華南期貨	台北市松山區民生東路四段54號3樓之7.8.9	（02）27180000
元富期貨	台北市信義路五段 8 號 3 樓	（02）27290818
群益期貨	台北市敦化南路二段97號32樓及地下1樓	（02）27002888
元大期貨	台北市中山區南京東路三段225號11樓及11樓之1、之2、之3、之4、12樓及12樓之1、之2	（02）27176000
富邦期貨	台北市中正區襄陽路9號3樓, 3樓之1及21樓	（02）23882626
康和期貨	台北市復興北路143號5樓、6樓	（02）27171339
兆豐期貨	台北市中正區忠孝東路二段95號2樓	（02）23278895
澳帝華期貨	台北市杭州南路一段19 號12樓	（02）23570777

期貨商名稱	地址	電話
大昌期貨	新北市板橋區東門街30之2號9樓之2	（02）29601066
台灣工銀證券	台北市內湖區堤頂大道二段99號5、6樓部分及7樓全部	（02）26561111
宏遠證券	台北市信義路四段236號3樓部分、4樓部分、6樓部分、7樓部分sel	（02）27008899
亞東證券	台北市重慶南路一段86號2樓	（02）23618600
大展證券	台北市承德路一段17號17樓、17樓之1、17樓之2、17樓之3	（02）25551234
大慶證券	台北市民生東路二段174、176號4樓	（02）25084888
第一金證券	台北市長安東路一段22號4樓	（02）25636262
中國信託綜合證券	台北市南港區經貿二路168號3樓	（02）6639–2000
永全證券	桃園市桃園區縣府路82號1–7樓	（03）3352155
大眾綜合證券	高雄市三民區壽昌路93號2樓、3樓	（07）3871166
致和證券	台南市西門路三段10號地下1樓.1.2.3.4.7樓	（06）2219777
新光證券	台北市重慶南路一段66–1號5樓	（02）23118181
玉山綜合證券	台北市松山區民生東路三段156號2樓、156號2樓之1	（02）55561313

▲ 表3-10

開戶程序

關於開戶，你只要找到各期貨商的營業員，開戶都不是難事，他會告訴你應該準備的資料，並從旁協助你。下頁表3-11為開戶程序可以參考。如果你要親自跑券商/期貨商開戶，請記得準備完整的文件免得白跑一趟。

開戶準備文件：

❶ 身分證正本

❷ 第二身分證件正本（健保卡、駕照、護照、戶口名簿、戶籍謄本等擇一）

❸ 指定出、入金之存款帳戶存摺或對帳單正本或金融機構開立之無摺證明，或足資證明之文件憑以辦理

❹ 私章（可用簽名代替）

開戶資料要帶齊，才不會白跑一趟！！

當然以現在網路這麼發達，你也可以線上開戶，現在陸續有券商推出線上開戶的服務，讓你可以不出門也能線上開戶。

線上開戶

你只要將資料填寫完畢將文件上傳就好，還挺方便的，現在提供證券戶線上開戶的證券公司比較多，提供線上期貨戶開戶的期貨商比較少，目前提供線上期貨開戶的期貨商有元大、玉山、群益、康和。

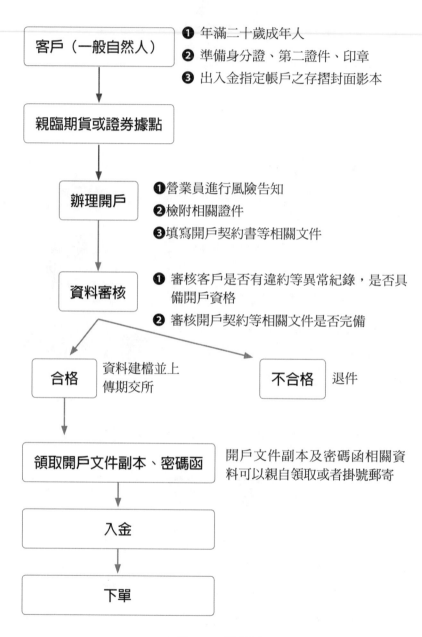

客戶（一般自然人）
❶ 年滿二十歲成年人
❷ 準備身分證、第二證件、印章
❸ 出入金指定帳戶之存摺封面影本

親臨期貨或證券據點

辦理開戶
❶營業員進行風險告知
❷檢附相關證件
❸填寫開戶契約書等相關文件

資料審核
❶ 審核客戶是否有違約等異常紀錄，是否具備開戶資格
❷ 審核開戶契約等相關文件是否完備

合格　資料建檔並上傳期交所

不合格　退件

領取開戶文件副本、密碼函　開戶文件副本及密碼函相關資料可以親自領取或者掛號郵寄

入金

下單

▲ 表3-11　開戶程序

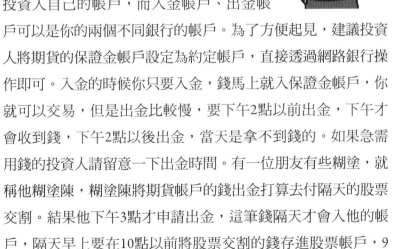

4 入金與出金

　　最快的學習方式就是實際拿錢去投資，只要有賺賠你就會學很快，所以開完戶以後第一件事情就是入金。

　　為了防止洗錢，出入金帳戶必須要是投資人自己的帳戶，而入金帳戶、出金帳戶可以是你的兩個不同銀行的帳戶。為了方便起見，建議投資人將期貨的保證金帳戶設定為約定帳戶，直接透過網路銀行操作即可。入金的時候你只要入金，錢馬上就入保證金帳戶，你就可以交易，但是出金比較慢，要下午2點以前出金，下午才會收到錢，下午2點以後出金，當天是拿不到錢的。如果急需用錢的投資人請留意一下出金時間。有一位朋友有些糊塗，就稱他糊塗陳，糊塗陳將期貨帳戶的錢出金打算去付隔天的股票交割。結果他下午3點才申請出金，這筆錢隔天才會入他的帳戶，隔天早上要在10點以前將股票交割的錢存進股票帳戶，9點30分的時候遲遲沒有入金，他的股票業務員開始緊張了怕他違約交割，打了電話給他，而他去查他的出金帳戶錢還沒轉進

來，趕快打去期貨商問出金進度，又打來給我問可不可以週轉墊一下交割款？啥，要我跑銀行10點以前匯款給你？你知道那種火燒屁股的感覺，整個人仰馬翻。**所以，請留意一下出金時間。**

出入金時間
❶ 入金時間不限，只要設好約定轉帳，一轉帳就入金。
❷ 出金時間有限制，需在每日的下午2點前出金，當天才會拿到錢。

▲ 表 3-12

　　寫到這裡我又想起一個比較誇張的案例，我有一個朋友，我只能說他很大膽，姑且叫他黃大膽。黃大膽每天借錢當沖做期貨，他跟幾家銀行貸款，每個銀行貸款額度90萬，四家銀行總共弄了360萬的額度。他每天的工作就是早上借錢入金到期貨保證金帳戶，只做當沖交易，不管賺賠下午2點以前出金還錢，就這樣過了一年，他借來的360萬最後剩下250萬。雖然運氣好，可能是另類的獲利模式，不過運氣不好，就會像黃大膽一樣，借錢操作壓力大，輸了還要背貸款。

　　還有一個非常精打細算的朋友也是每天出入金，早上開盤前將錢轉入，下午2點以前將錢轉出，他說錢放在券商讓券商賺利息，不如放在自己的銀行存起來領利息。自己的出入金帳戶選擇和期貨的保證金帳戶同一間銀行，這樣還可免手續費。

　　有人利用出入金機制來賺銀行利息，有人利用出入金機制來省貸款利息，而我，我覺得最棒的事是賺錢然後出金。

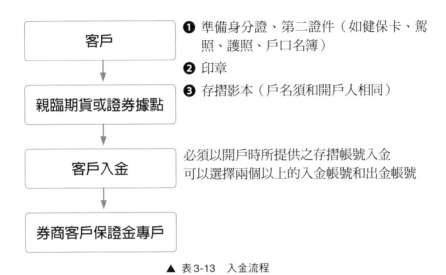

▲ 表3-13　入金流程

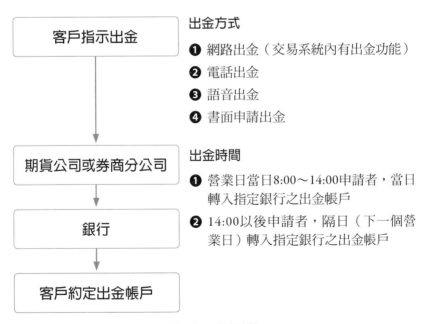

▲ 表3-14　出金流程

第**4**堂課

開始用券商系統下單

透過實戰說明如何交易第一口賣方和第一口買方，帶出操作的正確觀念，並以實例帶領讀者實際下單，了解下單軟體應怎麼使用，以及注意哪些事情。

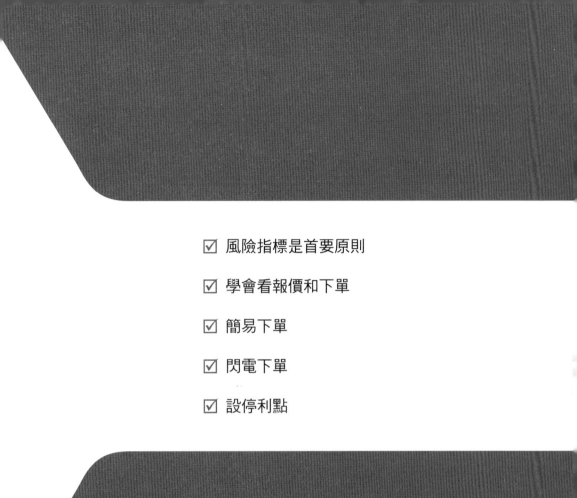

☑ 風險指標是首要原則

☑ 學會看報價和下單

☑ 簡易下單

☑ 閃電下單

☑ 設停利點

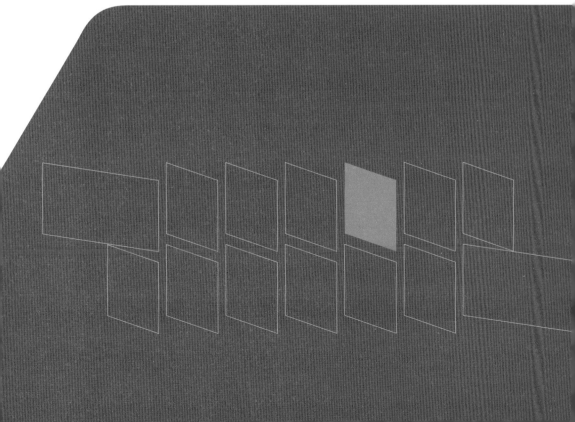

1

風險指標
是首要原則

風險指標是一個重要的指標，建議在200%以上。券商根據風險指標來決定是否要幫投資人平倉，盤中風險指標低於25%，券商會幫投資人平倉賠錢的選擇權賣方部位、期貨部位，可見風險指標是一項衡量風險程度的重要參考指標。那什麼是風險指標呢？

風險指標＝權益總值/（原始保證金＋選擇權買方市值－選擇權賣方市值＋依加收保證金指標所加收之保證金）

那什麼又是權益總值呢？什麼是原始保證金、選擇權買方市值、選擇權賣方市值、依加收保證金指標所加收之保證金呢？說來話長，在稍後章節會說明各專有名詞的意思，風險指標公式有些複雜，用人腦難以計算，**直接看券商幫你算好的數值即可**，這裡先做出一個快速結論：**券商根據風險指標的數字當作衡量客戶部位有沒有風險需不需要幫客戶砍倉的依據，那麼我們投資人自己在投資的時候，也必須要非常重視這個指標。建議風險指標最少要在200%以上。**

再說得淺顯易懂一點，風險指標在200%，約是用掉一半

的資金操作，剩餘一半的資金可動用。風險指標在300%，約是用掉三分之一的資金操作，剩餘三分之二的資金可動用。

　　當你投資有保證金的部位，包括期貨和選擇權賣方的時候，假設你有100萬，建議最多不要使用超過50萬，此時風險指標約200%上下。你有100萬，使用33萬，此時風險指標約300%。資金用得越少越安全，其實這就是在降低槓桿。降低槓桿是保護投資人最棒的方式。

　　而我在投資期貨、選擇權的時候，一開始只會用少數的資金投資，賺錢才會陸續買進其他部位，買到滿不會超過一半的資金。這種賺錢才加碼的操作方法，我稱為「傑西李佛摩操盤法」。這個方法是我用過最棒的操作方式，他可以做到用1%的風險去換取100%的報酬，做到風險和報酬不對等。誰說高報酬一定伴隨高風險？可以用交易方法來降低風險並提升報酬，而「傑西李佛摩操盤法」中部位控制、風險控制、部位的縮放是其靈魂。傑西李佛摩這位叱吒華爾街的風雲人物，雖然在他的年代沒有風險指標這個名詞和公式，也沒有券商會幫他計算風險指標，但他的交易方法已經內含了注意風險指標的意識，一開始建立的部位會讓他的部位風險指標落在800%以上。做出控管風險的投資，不要讓任何錯誤的投資傷到你。而索羅斯在這方面做得很好，即使他建立龐大的部位，他也不會讓他的部位曝險超過2%。任何傑出的基金管理人都必須重視交易的風險，我們是我們自己的基金管理人，對於自己的槓桿使用、交易部位大小、風險暴露大小，必須要自己照顧自己的投資，除了你自己，沒有人會關心和監控你的投資，風險指標

是一個可以拿來運用的好指標。

不要把風險指標當作追繳和斷頭與否的觀察指標，關注何時低於25%，這樣做太低標了，會落到此地步投資已經輸得一塌糊塗，不要讓這種事發生在你身上，我不希望我的讀者接到券商打來的電話。預防勝於治療，從一開始維持高水準的風險指標是預防損失失控最好的起點。

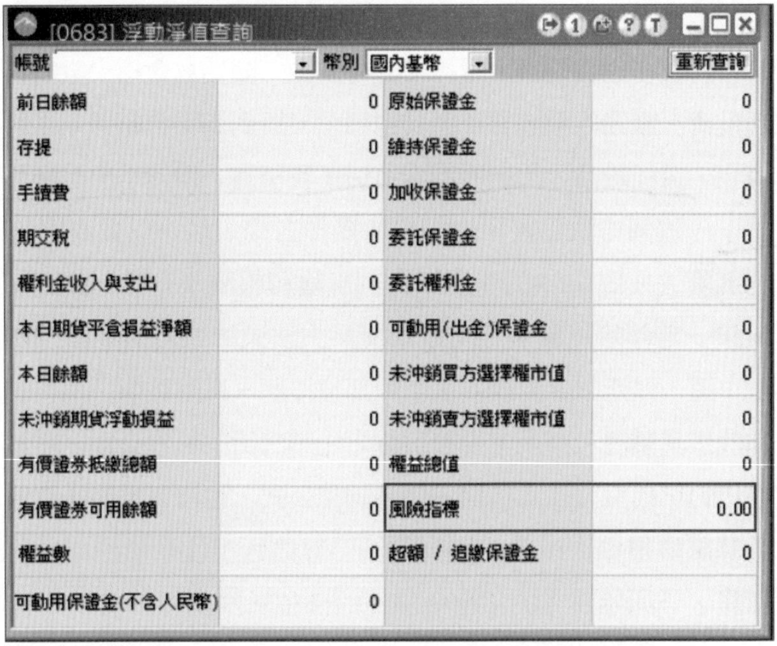

▲ 圖4-1　券商提供的期貨帳戶財務查詢，風險指標在此會顯示

「風險指標」在券商所提供的財務查詢裡面看得到，名稱因券商略有不同，可能取名為「風險指標」或「風險比率」，而「風險指標」是如何計算得來，請看以下名詞解釋：

風險指標（風險比率）=權益總值／（原始保證金+選擇權買方市值–選擇權賣方市值+依加收保證金指標所加收之保證金）=（權益數＋未沖銷選擇權買方市值－未沖銷選擇權賣方市值）／（原始保證金＋未沖銷選擇權買方市值－未沖銷選擇權賣方市值＋依「加收保證金指標」所加收之保證金）

❶ **權益總值**＝權益數+未沖銷選擇權買方市值–未沖銷選擇權賣方市值

❷ **權益數**＝前日餘額±存提±到期履約損益±權利金收入與支出±本日期貨平倉損益－手續費－期交稅±未沖銷期貨浮動損益＋有價證券抵繳總額

❸ **加收之保證金**

當日收盤後，期貨交易人單一商品未沖銷部位超過依「加收保證金指標」計算之部位時，期貨商針對超過部分應加收保證金，其加收之金額為原始保證金之20%

2 學會看 報價和下單

開完戶也入完金以後，我們可以開始下單。接下來我們要介紹標準的下單順序，這是我多年交易的經驗所得。

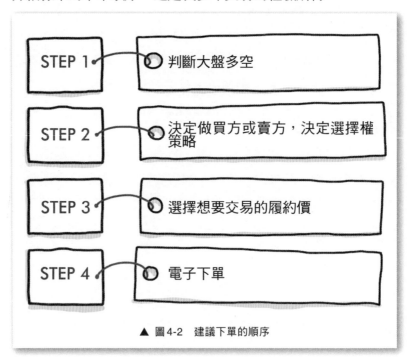

STEP 1 ⟶ 判斷大盤多空

STEP 2 ⟶ 決定做買方或賣方，決定選擇權策略

STEP 3 ⟶ 選擇想要交易的履約價

STEP 4 ⟶ 電子下單

▲ 圖4-2　建議下單的順序

　　我想前面3個步驟在3-1〈開始我的包租公生涯：選擇權賣方〉，和3-2〈買樂透不如買選擇權：選擇權買方〉，這兩個章節已經討論很多了，這裡就不再贅述。假設你已經決定想要操作的選擇權策略（買方或賣方），也決定好履約價格，接下來我們就可以進行第四個步驟：**怎麼看盤和下單**。

電子下單：閱讀T字報價表

❶ 看T字報價表先選交易月份

　　操作選擇權首先你要會閱讀**T字報價表**，依據選擇權T字報價選想要**交易的商品**和**履約價**。

　　首先可以看到T字報價表（如下圖），這時先選擇**交易的月份**。

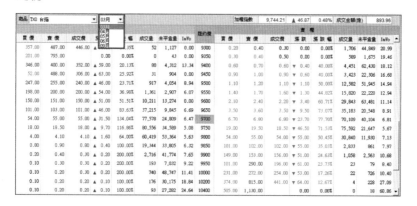

▲ 圖4-3　2017/3/14 選擇權T字報價表

　　我們將下拉式的合約月份選項放大來講解，這個下拉式選單所選的是「合約月份」，依序可以選的合約月份為3月、4月、5月、6月、9月。總共五種合約可供選擇，其中3月是最近一個月結算的商品，4月是次月（下個月）結算的商品，5月是次次月（下下個月）結算的商品，選擇權的月選擇權預設會有當月和次月、次次月3個月的合約可以選擇。接下來就要放上季結算的商品，要連續放上兩個季結算的商品，季結算分別為3月、6月、9月和12月，選擇權T字報價的日期是2017年3月14日，第一個遇到的季合約是6月結算的商品，第二個季合約是9月結算的商品。照理說還有一個週選擇權的商品（一週內結算的商品），只是2017年3月結算日是3月15日，距離到期日只剩下一天，結算前一週的3月份商品本身就是週選，所以無需加掛週選擇權的合約。

▲ 圖4-4　下拉式選單選擇合約月份，顯示該月份的T字報價

❷ 看T字報價表選擇你要的買權、賣權以及履約價

T字報價表分成左右兩邊，左邊是買權CALL，右邊是賣權PUT，也就是說，當你想要操作 BUY CALL，須觀察左邊買權的報價；想要操作SELL CALL，也是看左邊的報價，這都是買權CALL的報價，你必須選好商品，再決定當買方或賣方。

當你想要BUY PUT，要看的是T字報價表右邊的商品報價；想要SELL PUT，你也是要看T字報價表右邊的商品報價。右邊展示賣權PUT各個履約價的報價。你只要把T字報價表當成商品櫥窗來看就可以，在眾多商品中挑一個你要交易的商品即可。

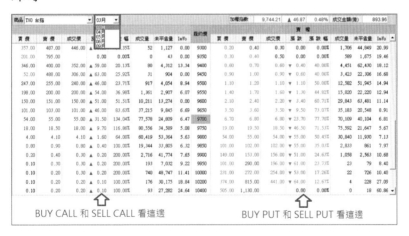

▲ 圖4-5 選擇權T字報價表是一個商品櫥窗

這裡的報價指的是權利金，權利金1點值台幣50元，選擇權的單位是口，每一口選擇權買方所需的資金為成交價乘以50。

例如：9700的CALL成交價為55，則需要55×50= 2750元；9700的PUT成交價為6.8，則需要6.8×50=340元

一般買方交易都選擇**價外的履約價**，而價外履約價的選擇有「目標價」的概念，就是如果你認為走勢有機會漲過9800，則BUY CALL 9800；有機會漲過9900，則BUY CALL 9900。如果CALL的價格從50漲到120，獲利就70點（120-50=70）。

而賣方需要準備保證金，保證金有保證金的公式，賣方保證金是浮動的，1、2萬到4、5萬都有，一口價外賣方的保證金大概抓2萬。

選擇權新手一開始要先學會看報價，要知道先選擇合約到期日，再從T字報價表裡面看履約價和CALL和PUT權利金報價，多看幾次就會了。

3

簡易下單

下單有分「簡易下單」和「閃電下單」兩種。簡易下單的畫面如下，每一家券商不太一樣。簡易下單畫面類似股票下單，在你選好商品以後，你輸入交易的口數、價格、當買方還是賣方、委託條件、告訴電腦你要下新倉或是平倉，電腦就會執行你下的單，將指令丟到市場去。

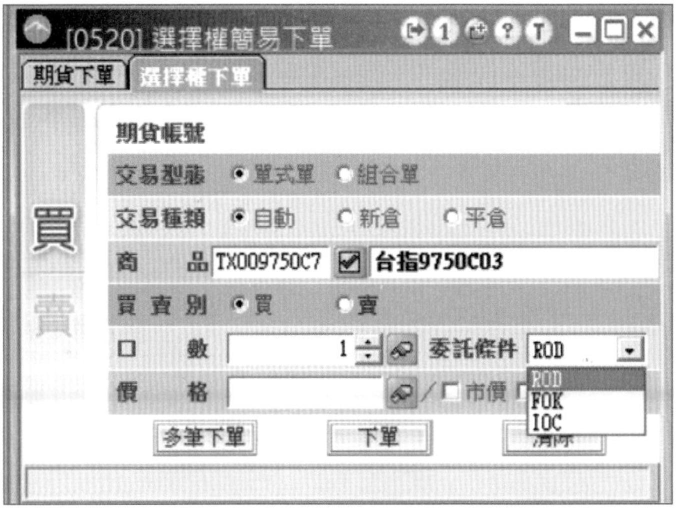

▲ 圖 4-6 選擇權簡易下單

❶ **交易型態**：有分單式和複式，單式是指一次只交易一個部位，複式就是指選擇權組合單，同時交易兩個不同部位。

❷ **新倉/平倉**：選擇權允許同時持有BUY CALL 9100 和 SELL CALL 9100，所以在下單的時候必須和電腦說這筆單是交易新的部位，還是要平倉舊的部位。選擇「自動」是讓電腦自動判斷，若有舊的反向部位則自動平倉，若沒有，則為新倉。

❸ **商品**：選擇要交易的商品合約，如上圖案例商品選的是「週選擇權9750的CALL」。

❹ **買賣別**：要當買方還是賣方。

❺ **口數**：選擇交易的口數。

❻ **價格**：選擇想要買進或賣出的價格。

❼ **委託條件**：

ROD：當日有效單Rest of Day，所下委託單限當日有效。從你送出委託開始一直到收盤，當天都是有效的，當你掛限價單，系統會自動跳成ROD。

FOK：全部成交否則取消單 Fill or Kill，所下委託單必須全數成交，否則立即取消。例如你買10口，要嘛10口成交，要嘛全部取消，不允許部分成交。

IOC：立即成交否則取消單 Immediate or Cancel，所下委託單必須馬上成交，否則即行取消，允許部分成交。例如你買10口，當下成交6口，另外4口會自動刪除。

4 閃電下單

只要是單邊下單（BUY CALL、SELL CALL、BUY PUT、SELL PUT四選一），我都建議用「閃電下單」下單，一來看得到最近五檔報價，二來速度也比較快，再來可以利用閃電下單設定觸價停損單和預掛停利單。

❶ 用閃電下單選商品

在商品代號的地方有個放大鏡的圖示，點選這個地方可以選擇選擇權的履約價。

電腦下單，真方便!!

▲ 圖4-7　選擇權閃電下單

點選左上方checkbox按鈕，跳出選擇權商品表。

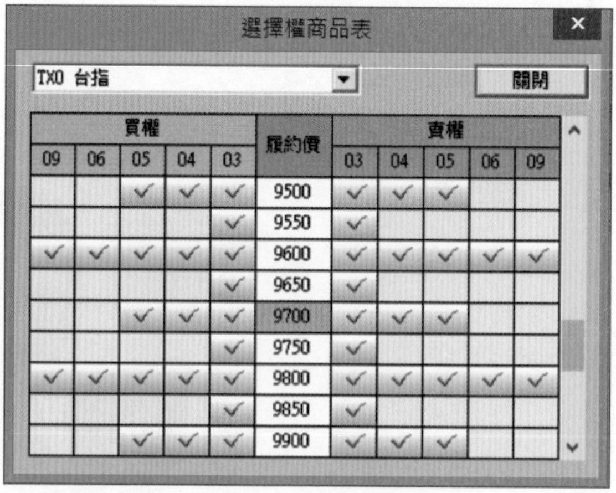

▲ 圖4-8　選擇權商品表

如上圖所示,顯示現在場上所有的選擇權合約,左邊是買權、右邊是賣權。交易選擇權你要先選擇一個你想要交易的商品。這裡還沒有決定要做買方或賣方,只是先選商品,選完商品再決定做買方或賣方。

例如點選3月合約9700的CALL,跳出閃電下單視窗。

❷ 閃電下單五檔報價解讀行情強弱

我們選擇9700的CALL,3月到期合約,閃電下單就跳出3月份9700 CALL的報價。

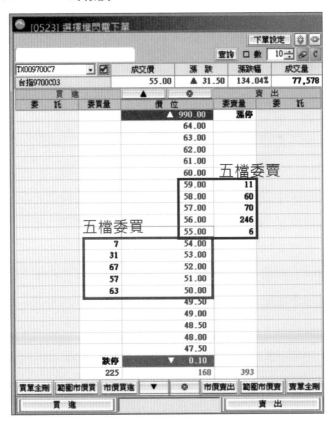

▲ 圖4-9　選擇權閃電下單顯示五檔委買、五檔委賣

目前成交價是55，閃電下單上方顯示成交價55，這是重要的資訊。我們可以透過閃電下單看到五檔委買報價和五檔委賣報價。

如上圖所示，**委賣五檔報價**分別是

59.00　11口

58.00　60口

57.00　70口

56.00　246口

55.00　6口

委買五檔報價則分別是

54.00　7口

53.00　31口

52.00　67口

51.00　57口

50.00　63口

賣的順序以價格低到高排序，賣最低的價格優先成交，最低價的賣價是55將優先成交。相反的，買的順序以價格高到低排序，買最高的價格者優先買到，買價出最高價者為54。賣價最低是55，買價最高是54，沒有共識。這個時候新加入的投資者就要決定要用什麼價格買進或賣出。若你急著買進，你就要出最高價買進，就是接受55這個賣方的報價。於是用賣價成交就表示市場比較急著買，願意出高價買入，表示買盤強勁。成交價55是賣方出的價格，這個資訊告訴我們現在是用賣價成交，買盤追價。以賣方的價格成交稱為**外盤價**，以買方的價格

成交稱為**內盤價**。而**外盤量**則表示以賣價成交的總數量，**內盤量**表示以買價成交的總數量。若市場一直願意買貴，一直追價，則價格一直以外盤價成交，外盤量會不斷上升。若市場一直搶著要賣掉手上部位，一直降價求售，則價格會一直以內盤價成交，內盤量會不斷上升。**內盤量越大表示走勢越弱。外盤量越大表示走勢越強。**所以你用閃電下單看盤時看委買掛單、委賣掛單，以及實際成交價，有助於幫助你了解買賣雙方誰比較急著成交，這看得出短線行情的強弱和脈動。

❸ 用閃電下單委託買進

　　選一個你願意接受的價格買進，若你很急著成交是可以掛55買進的，你若想用便宜的價格買進，你可以掛任何你想要的價格，然後等待。這裡的選擇權掛價都要用**限價單**，限定用54買進、限定用53買進，限定用55賣出、限定用56賣出，依此類推。五檔委買委賣和內盤價或外盤價成交的資訊是簡易下單介面無法提供的，建議用閃電下單可以得到比較多的市場資訊。你可以由你想買進的口數比對現在想要賣出的口數得知，若你這筆單以外盤價55丟出去，是否會消化你的買盤，55賣單只有6口單，若你掛買20口以55買進，你只能成交6口單，剩餘14口要等待新的賣家賣給你。於是55變成最高的委買價，委買口數是14口。當你的價格變成第一名的時候你可以觀察市場其他人的反應，若只有你自己孤單14口在委買第一檔沒有人跟進，或者跟進的也只是少數個位數口數，表示你剛剛八成是買貴了，你的買單很快就被市場消化，短線價格回跌。通常委買五檔裡

面最大量都不會掛在最高價，掛在第二高價、第三高價的地方等待，大量者等待好價格。若你追價買進之後你的單變成委買第一名，第一貴的買單55有14口，然後市場很快就有其他人跟進掛在55，你會看到委買口數從14口變成20口、變成52口一路增加。這表示市場認同55這個委買價格，短線上你賺錢的機率比較大，很快你會看到56變成最優買價，市場追價意願濃。以上是短線上的報價看強弱，做長線的人就不用看這麼細了。

❹ 進場設停損

請務必養成進場設停損的好習慣，怎麼在閃電下單設停損呢？用**觸價單**。例如你已經買進20口9700的CALL買價是55，你要這樣做，在右邊賣出的地方，掛20口觸價賣出。下單地方很重要，不要掛錯地方，若你掛在委賣的地方掛價格40賣出20口，表示你現在就願意用40這麼低的價格賣出，則你會馬上成交。**而掛單掛在觸價40賣出的意思是，等到價格跌到40再幫我丟出20口的賣單**。馬上以價格40的低價賣出和等到價格跌到40再賣出，差很大。新手請特別留意，不要掛停損單變成馬上賣出你的部位。

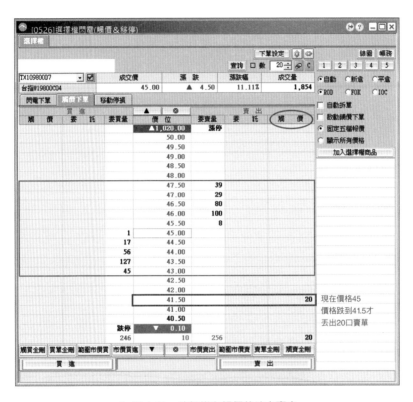

▲ 圖4-10　停損掛在觸價的地方賣出

5

設停利點

　　也有人會想要設定停利出場點，停利點請掛在委賣的地方，不要掛在觸價的地方，因為成交的順序是以掛單先後順序決定，所以你要先卡位掛在前面你才能優先成交。你價格高高的掛在委賣價的地方不會馬上成交，等到價格漲到你要賣的價格才會成交（委賣價掛在低於現在的成交價會馬上成交）。市場上有一種短線主力的操作手法是低價吃貨、點火上攻、高價賣出。通常賺個幾點就走（因為準備的錢也只能創造短線價差），價差小靠大口數賺錢（期貨1000口），因為軟體只會揭露最近的五檔報價，賣在比較高的價格不會被揭露，等到行情拉上去你才看到有人在那邊掛個幾百口等著獲利出場，這時你要賣也賣不贏他，他已經在上面等了，排隊排在你前面。我國五檔買賣價以外的資訊不揭露，在國外期貨市場和大陸期貨市場，你只要願意花錢買資訊，你可以看到你想看的所有掛價資料。市場主力操作手法類似，有能力創造波動者自己創造波動賺取價差，金額比較小的極短線主力（2億）創造極小價差，能夠拉個50點的，都是有能力用現貨影響期貨和選擇權走勢的

大咖，所需準備的資金就更高了。主力要想辦法掏走散戶口袋裡的錢，散戶要靠觀察主力操作手法跟著賺錢。當主力的操作手法被發現，分杯羹的人多了，獲利下降，他必須改變操作手法，散戶要觀察新的主力操作手法，價格走勢的特性會不同，市場不斷的在演進。

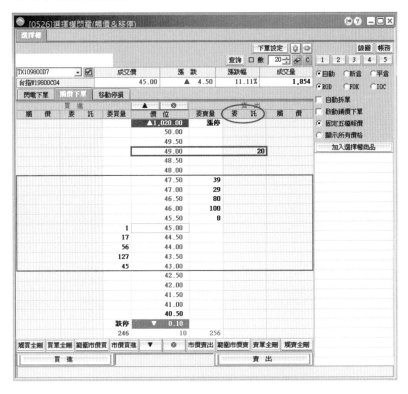

▲ 圖4-11　停利掛在委賣的地方賣出

下單分成簡易下單和閃電下單兩種，我都用**閃電下單**，因為可以看到市場上的買賣資訊，可從資訊知道市場強弱、掛單數量、追價意願，除了資訊比較豐富以外，下單也比較快速和

方便。可以直接點選要下單的價格，這樣速度比較快，不用再打報價數字和選擇買賣別。它的功能也比較多，可以透過它一次對好幾個報價下掛價買進指令，也可以用它設定停損、停利、移動停利，在同一個下單視窗上一次解決所有下單需求。而手機版的下單多半是簡易下單版本，電腦版每家券商都有閃電下單功能。

MEMO

休息一下，記個筆記吧！馬上要進入重點囉！

Good!

第**5**堂課

組合單的應用

　　介紹 6 種基礎的選擇權組合單。透過組合單，可以讓投資不再是單純的多、空兩種選擇，還可以有同時押多也押空、大漲大跌都能賺的雙 BUY 策略，以及組出盤整盤也可以賺錢的雙 SELL 策略，並深入淺出的指出這些組合策略的投資要領。

☑ 看大漲──買權多頭價差

☑ 看盤跌──買權空頭價差

☑ 看大跌──賣權空頭價差

☑ 看盤漲──賣權多頭價差

☑ 看盤整──雙 SELL 部位

☑ 看大漲 or 大跌──雙 BUY 部位

1

看大漲——
買權多頭價差

選擇權組合單的好處

選擇權有趣的地方是除了單純的單一部位（BUY CALL、SELL CALL、BUY PUT、SELL PUT）以外，還可以任意排列組合兩口以上的選擇權變成組合單，而這些組合單給了交易者新的視野和可能。只要發揮你的想像力，交易不再是只有做多、做空兩種選擇，還可以有其他選擇，例如可以組出不管上漲或下跌行情，只要在一個區間內就賺錢的雙SELL盤整策略；可以組出多空兩邊押寶，不管大漲和大跌都可以賺錢的雙BUY投機策略；可以組出不怕追繳保證金，風險有限的賣方價差策略；可以組出不怕時間價值消耗，一樣倍數獲利的買方價差策略；可以組出明明做多，崩盤卻賺錢的進階策略……理論上選擇權有無限多種的組合單，這些組合單豐富了選擇權操作的可能性。而我一開始接觸選擇權時就深深被這些千變萬化的策略所吸引，廢寢忘食的研究。那時我看了很多選擇權實戰類型的書，裡頭常常介紹許多選擇權策略。只是，這些組合單真的好難懂，就算自認聰明的我也是看得一知半解，好在我會寫

程式，2007年的時候我用EXCEL開發一個選擇權策略繪圖功能，將我的部位一一輸入，用程式畫出這些部位的結算損益圖。有了圖形的幫助，我瞬間知道這些組合單的損益區間為何，複雜的組合單變成簡單好懂。我甚至可以用這個EXCEL試算軟體自行發明書上沒有教的組合單，就好像獨孤九劍一樣，掌握精髓就可自行變化無窮無盡的招數，就好像金庸小說人物獨孤求敗發明獨孤九劍一樣，所以我的筆名獨孤求敗就是這樣來的。

　　組合單有很多種，這裡列舉六種基本的組合單給讀者了解，他們各有適用的時機，這六種組合單分別是

❶ 看大漲──買權多頭價差

❷ 看盤跌──買權空頭價差

❸ 看大跌──賣權空頭價差

❹ 看盤漲──賣權多頭價差

❺ 看盤整──雙SELL 部位

❻ 看大漲or大跌──雙BUY部位

BUY CALL多頭價差策略

　　如果你看漲又擔心選擇權買方時間價值會消耗，那麼買權多頭價差是一個你可以考慮的商品。

　　什麼是買權多頭價差？就是BUY CALL 低履約價 + SELL CALL 高履約價，例如BUY CALL 9000 + SELL CALL 9100 是買

權多頭價差，BUY CALL 9000 + SELL CALL 9200 也是多頭價差、BUY CALL 9000 + SELL CALL 9300也是買權多頭價差，只要是買進履約價較低的CALL加上賣出履約價較高的CALL都是買權多頭價差。買進和賣出的兩個履約價差並未規定要差幾百點，但是在交易的時候比較常用的是差一檔（月選差100點、週選差50點），再來是差兩檔（月選差200點、週選差100點），差到三檔以上沒有價差的效果。因為同時持有一個會消耗時間價值的買方加上一個會收取時間價值的賣方，這樣的組合讓時間價值消失的因素大幅降低。基本上買權多頭價差是買進買權的替代品，你可以想像成一個時間價值不太會消耗的BUY CALL，就像一個穿了盔甲的BUY CALL，穿上盔甲的好處是防護力強，缺點是跑得慢。買權多頭價差的好處是時間價值抗跌，但是要行情就要距離拉開才比較會賺。

【適用時機】：預期盤勢會大漲，做長不做短。

買權多頭價差不適合做短線，短線兩個部位一漲一跌賺賠相抵，這時候出場根本賺不到錢，價差單的手續費是單邊部位的兩倍，低獲利加上高成本這樣根本不會賺錢。不建議用價差單來做當沖，短線進出成本太高又賺不到甚麼價差，這樣你會是券商喜歡的顧客，用很少的資金就可以衝量。我曾經收過某家券商的選擇權簡訊，每天都用價差單當沖進出，如果要短線當沖，做單邊績效會更好。

【最大損失】：支出的權利金成本

最大損失＝買方所付出的權利金－賣方所收的權利金

基本上買權多頭價差可以歸類在買方策略，一手買進買權—BUY CALL，另一手賣出買權—SELL CALL，一邊支出權利金，一邊收取權利金，由於支出的權利金大於收取的權利金，所以這是一個買方策略，只要是支付權利金的策略單都可以歸類在買方策略。

範例1

假設某天台股在9076，台指期在8981

BUY CALL 9000，權利金120點 + SELL CALL 9100，權利金78點

BUY CALL 付出120點權利金，SELL CALL 9100 收回78點權利金

支出權利金成本 = **120－78 = 42**

範例2

台股在9076，台指期在8981

BUY CALL 9100，權利金78點 + SELL CALL 9200，權利金47點

BUY CALL 付出78點權利金，SELL CALL 9200 收回47點權利金

支出權利金成本 = **78－47= 31**

> **範例3**
>
> 台股在9076，台指期在8981
>
> BUY CALL 9000，權利金120點 + SELL CALL 9200，權利
> 金47點
>
> BUY CALL 付出120點權利金，SELL CALL 9200 收回47點
> 權利金
>
> 支出權利金成本 **= 120－47 = 73**

【最大利潤】：獲利有限但也可以倍數獲利

最大利潤 ＝ 兩個履約價的距離點數 – 支出的權利金成本

＝ 兩個履約價的距離點數 – 兩個履約價的權利金

價差

> **範例1**
>
> 台股在9076，台指期在8981
>
> BUY CALL 9000，權利金120點 + SELL CALL 9100，權利
> 金78點
>
> 最大利潤 ＝兩個履約價的距離點數－支出的權利金成本
>
> **=（9100－9000）－（120－78）**
>
> **=100－42**
>
> **= 58**

剛剛算過BUY CALL 9000，權利金120點 + SELL CALL 9100，權利金78點的成本是42點，最大獲利是58點，算一算投資報酬率也有1.38倍

最大報酬率 = 58/42＝1.38倍

台股在9076，台指期在8981

BUY CALL 9100，權利金78點 + SELL CALL 9200，權利金47點

最大利潤 ＝兩個履約價的距離點數－支出的權利金成本

$$= （9200-9100）-（78-47）$$

$$= 100-31$$

$$=69$$

剛剛算過BUY CALL 9100，權利金78點 + SELL CALL 9200，權利金47點的成本是31點，最大獲利是69點，算一算投資報酬率也有2.23倍

最大報酬率 = 69/31＝ 2.23倍

範例3

台股在9076，台指期在8981

BUY CALL 9000，權利金120點 + SELL CALL 9200，權利

金47點

最大利潤 = 兩個履約價的距離點數－支出的權利金成本

　　　= （9200－9000）－（120－47）

　　　= 200－73

　　　= 127

　　剛剛算過BUY CALL 9000，權利金120點 + SELL CALL 9200，權利金47點的成本是73點，最大獲利是127點，算一算投資報酬率有1.74倍

最大報酬率 = 127/73 = 1.74倍

【損益平衡點】：買方的履約價＋支出的權利金成本

　　BUY CALL 9000，權利金120點 + SELL CALL 9100，權利金78點的損益平衡點在：

　　損益平衡點 = 買方履約價9000 + 支出權利金成本42

　　　　　　　= 9042

　　BUY CALL 9100，權利金78點 + SELL CALL 9200，權利金47點的損益平衡點在：

　　損益平衡點 = 買方履約價9100 + 支出權利金成本31

　　　　　　　= 9131

BUY CALL 9000，權利金120點 + SELL CALL 9200，權利金47點的損益平衡點在：

損益平衡點 = 買方履約價9000 + 支出權利金成本73

= 9073

【組成部位與結算損益圖】

接下來看這幾個範例在結算時的損益狀況：

範例1

買/賣	買權/賣權	履約價	權利金
BUY	CALL	9000	120
SELL	CALL	9100	78

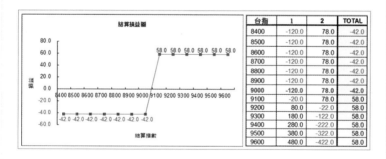

台指	1	2	TOTAL
8400	-120.0	78.0	-42.0
8500	-120.0	78.0	-42.0
8600	-120.0	78.0	-42.0
8700	-120.0	78.0	-42.0
8800	-120.0	78.0	-42.0
8900	-120.0	78.0	-42.0
9000	-120.0	78.0	-42.0
9100	-20.0	78.0	58.0
9200	80.0	-22.0	58.0
9300	180.0	-122.0	58.0
9400	280.0	-222.0	58.0
9500	380.0	-322.0	58.0
9600	480.0	-422.0	58.0

▲ 圖5-1　BUY CALL 9000 + SELL CALL 9100結算損益圖

最大損失：**42點**

最大利潤：**58點**

最大報酬率 = 58/42 = 1.38倍

結算價損益平衡點：結算在9042點時

所需資金 42點 × 50 = 2100元

最人獲利 58點 × 50 = 2900元

範例2

買/賣	買權/賣權	履約價	權利金
BUY	CALL	9100	78
SELL	CALL	9200	47

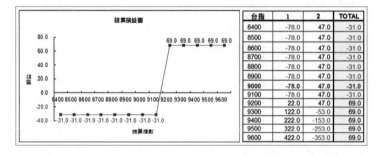

台指	1	2	TOTAL
8400	-78.0	47.0	-31.0
8500	-78.0	47.0	-31.0
8600	-78.0	47.0	-31.0
8700	-78.0	47.0	-31.0
8800	-78.0	47.0	-31.0
8900	-78.0	47.0	-31.0
9000	-78.0	47.0	-31.0
9100	-78.0	47.0	-31.0
9200	22.0	47.0	69.0
9300	122.0	-53.0	69.0
9400	222.0	-153.0	69.0
9500	322.0	-253.0	69.0
9600	422.0	-353.0	69.0

▲ 圖5-2　BUY CALL 9100 + SELL CALL 9200 結算損益圖

最大損失：31點

最大利潤：69點

最大報酬率 = 69/31 = 2.23倍

結算價損益平衡點：結算在9131點時

所需資金 31點 × 50 = 1550元

最大獲利69點 × 50 = 3450元

範例3

買/賣	買權/賣權	履約價	權利金
BUY	CALL	9000	120
SELL	CALL	9200	47

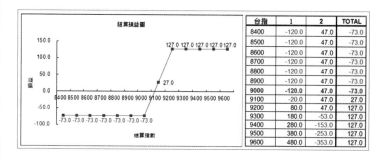

台指	1	2	TOTAL
8400	-120.0	47.0	-73.0
8500	-120.0	47.0	-73.0
8600	-120.0	47.0	-73.0
8700	-120.0	47.0	-73.0
8800	-120.0	47.0	-73.0
8900	-120.0	47.0	-73.0
9000	-120.0	47.0	-73.0
9100	-20.0	47.0	27.0
9200	80.0	47.0	127.0
9300	180.0	-53.0	127.0
9400	280.0	-153.0	127.0
9500	380.0	-253.0	127.0
9600	480.0	-353.0	127.0

▲ 圖5-3　BUY CALL 9000 + SELL CALL 9200 結算損益圖

最大損失：**73**點

最大利潤：**127**點

最大報酬率 = 127/73 = **1.74**倍

結算價損益平衡點：結算在**9073**點時

所需資金73點 × 50 = **3650**元

最大獲利127點 × 50 = **6350**元

更多BUY CALL 價差教學，請看http://optree.com.tw/ad/option-10.html

2

看盤跌──
買權空頭價差

　　我稱它為SELL CALL空頭價差策略，用單邊部位SELL CALL 的思考邏輯來看買權空頭價差會比較清楚怎麼交易買權空頭價差，**其實買權空頭價差就是賣出買權SELL CALL的替代品，一個從頭到尾都擁有避險單的替代品。**買權空頭價差其實就是在SELL CALL部位進場時同時替SELL CALL部位BUY CALL作避險單，防止指數大漲追繳保證金，用BUY CALL鎖住風險防止指數大漲造成損失擴大。這個是光看結算損益圖和背口訣「賣低買高」無法表達的。你看以下兩個圖，圖5-4是買權空頭價差SELL CALL 9100，權利金45點＋BUY CALL 9200，權利金24.5點，圖5-5是賣權空頭價差 SELL PUT 9100，權利金212點＋BUY PUT 9200 ，權利金287點，在同樣履約價9100和9200所組成的買權空頭價差和賣權空頭價差兩個結算損益圖不是幾乎長得一模一樣？從圖形來看看不出差別。

買/賣	買權/賣權	履約價	權利金	
SELL	CALL	9100	45	賣低
BUY	CALL	9200	24.5	買高

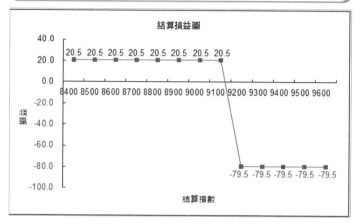

▲ 圖5-4 買權空頭價差 SELL CALL 9100 + BUY CALL 9200

買/賣	買權/賣權	履約價	權利金	
SELL	PUT	9100	212	賣低
BUY	PUT	9200	287	買高

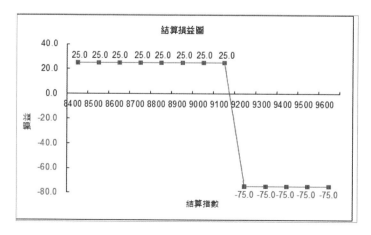

▲ 圖5-5 賣權空頭價差 SELL PUT 9100 + BUY PUT 9200

這也是當初我在學習選擇權策略時不明白的地方，看起來兩個結算損益圖一模一樣，那這兩個不同的策略差別在哪裡？有了操作經驗以後才漸漸明白組合單操作的精神是無法從圖表上表達出來的。**這兩個價差單不同的地方在於賣權空頭價差是買賣權BUY PUT 的替代品，以BUY PUT的角度去思考，買權空頭價差是賣買權SELL CALL的替代品，用SELL CALL的角度去思考**。那麼要如何操作買權空頭價差？有什麼要注意的地方？

　　我將買權空頭價差取名為SELL CALL價差，就是用名字標示出它的操作精髓，你要先決定何時要進場SELL CALL？SELL CALL在什麼履約價？再決定避險單BUY CALL要買在哪裡？先決定要看空台股你才決定SELL CALL，你認為台股不會漲過9100點，選擇履約價是SELL CALL 9100。決定好單邊賣方部位以後再決定避險單的位置，通常是差一檔（月選差100點，週選差50點），最多不要超過兩檔（月選差200點，週選差100點），這樣才真的具有避險效果。所以我舉的例子是差100點的位置，在SELL CALL的上方幫SELL CALL鎖住風險。BUY CALL 9200是漲過1點賺1點，行情超過9200完全被BUY CALL 9200鎖住風險。所以原本虧損無限的SELL CALL 變成最大虧損只有79.5點（圖5-4）。

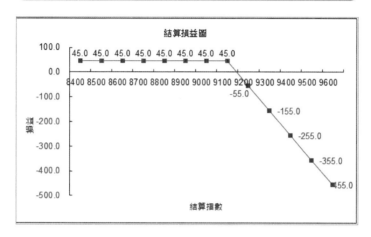

買/賣	買權/賣權	履約價	權利金
SELL	CALL	9100	45

▲ 圖5-6 賣出買權 SELL CALL 9100 最大虧損無限

SELL CALL 價差優點

❶ 鎖住最大風險

如上所述，買方會把賣方的風險鎖住，讓虧損有限。差50點的價差最大風險就是50點 2500元，差100點的SELL CALL 價差最大風險就是100點5000元，差200點的SELL CALL 價差最大風險就是200點10000元。

❷ 保證金固定

因為風險鎖住，所以期交所規定讓價差的保證金可以減免（註：指數選擇權價差組合保證金計算方式），差50點的

SELL CALL週選價差保證金2500元，差100點的SELL CALL價差保證金5000元，差200點的SELL CALL價差保證金10000元，差300點的SELL CALL價差保證金15000元，差400點的SELL CALL價差保證金20000元，保證金的算法是履約價相差點數× 50 元，單邊賣方部位保證金大部分落在1萬多到2萬多之間。價差組的越遠越沒有保證金減免的效益。這裡要注意將價差單指定組合才有保證金減免。

❸ 資金少

如上所述，常用的月選價差只需要5000元，週選差一檔的價差只需要2500元，比一口1萬多到2萬多的賣方還要便宜許多。

❹ 報酬率不會比較少

一般新手會認為買一口買方會犧牲掉獲利，但是因為在台灣可以用減免保證金的方式投資價差，在投入本金減少的情況下報酬率並不會因為買方的加入而降低。列出表格來比較單邊SELL CALL和SELL CALL 價差的投資報酬率。

資料日期 2016年8月3日台指期8933，加權指數9001，這一天的選擇權報價如下：

買 權（CALL）				履約價	賣 權（PUT）			
成交	漲跌	未平倉	總量	履約價	成交	漲跌	未平倉	總量
194	-60	4920	2210	8800	59	15	22273	17562
131	-50	15337	8013	8900	95	25	16330	14462
81	-39	25026	16307	9000	145	37	9111	6619
45	-29	33626	26092	9100	212	49	3801	2206
24.5	-17.5	40087	26825	9200	287	59	1076	545
11.5	-11.5	41401	16850	9300	374	61	725	267
5.2	-6.3	25433	8575	9400	470	73	210	209
2.6	-2.6	18906	4390	9500	508	86	190	21

▲ 表5-1

　　分別列舉9000～9400的SELL CALL和SELL CALL價差如下表，可以發現SELL CALL 9000的權利金收81點，折合台幣4050元，保證金需要26050元，算一算投資報酬率為15.55%：

收益／成本＝報酬率

$81 \times 50 / 26050 = 15.55\%$

　　而買進一口BUY CALL 9100，雖然需要45點權利金，收取的權利金從81點降為36點，81-45=36點，但是因為保證金只需要5000元的關係，投資報酬率反而上升到36%，並沒有因為買保險而投報減少，反而投報增加。

收益／成本＝報酬率

$36 \times 50 / 5000 = 36\%$

SC賣方	收權利金	保證金	投報	SC價差	收權利金	保證金	投報
SC9000	81	26050	15.55%	SC9000+ BC9100	36	5000	36.00%
SC9100	45	19335	11.64%	SC9100+ BC9200	20.5	5000	20.50%
SC9200	245	13310	9.20%	SC9200+ BC9300	13	5000	13.00%
SC9300	11.5	11575	4.97%	SC9300+ BC9400	6.3	5000	6.30%
SC9400	5.2	11260	2.31%	SC9400+ BC9500	2.6	5000	2.60%

▲ 表5-2

SELL CALL 價差缺點

❶ 交易成本高

一次交易兩口，交易成本兩倍。

❷ 不適合做短線

短線上一個部位賺錢一個部位賠錢，賺賠相抵後再扣掉兩倍的手續費，賺沒多少錢。

❸ 交易比較複雜一些

價差單下單比較複雜一些，要同時成交兩個部位，或是分別進場然後指定組合，交易細節請上網看教學。

更多的教學內容，請上網http://optree.com.tw/ad/option-13.html

價差組合部位

部位狀況	保證金計收方式	備註
買權多頭價差 買進低履約價CALL、 賣出高履約價CALL	無	買進部位之到期日必須與賣出部位之到期日相同，方可適用。
賣權空頭價差 買進高履約價PUT、 賣出低履約價PUT		到期日遠近非依前述部位狀況組合者，以單一部位方式計算保證金。
買權空頭價差 買進高履約價CALL、 賣出低履約價CALL	買進與賣出部位之履約價差×契約乘數	買進部位之到期日必須與賣出部位之到期日相同，方可適用。
賣權多頭價差 買進低履約價PUT、 賣出高履約價PUT		到期日遠近非依前述部位狀況組合者，以單一部位方式計算保證金。

▲ 表5-3

【適用時機】：預期盤勢不是盤就是跌，不適合短線進出。

　　買權空頭價差不適合做短線，短線兩個部位一漲一跌賺賠相抵，這時候出場根本賺不到錢，價差單的手續費是單邊部位的兩倍，低獲利加上高成本，這樣根本不會賺錢。

【最大利潤】：兩個權利金差

　　最大利潤＝賣方權利金－買方權利金

> **範 例**
>
> SELL CALL 9000，權利金120點 + BUY CALL 9100，權利
> 金78點
> 收進權利金120點
> 支出權利金78點
> 合計收進權利金 120－78 = 42點
> 折合台幣 42×50 = 2100元

【最大損失】：

最大損失 = 支出保證金 － 所收權利金

= 兩個履約價差 × 50元 － 所收權利金

=（買方的履約價 － 賣方的履約價）× 50 － 所收權利金

> **範 例**
>
> SELL CALL 9000，權利金120點 + BUY CALL 9100，權利
> 金 78點
> 支出保證金 =（9100–9000）× 50 = 5000
> 所收權利金 =（120–78）× 50 = 2100
> 最大損失 = 所支出保證金 － 一開始收的權利金
> = 5000 – 2100= 2900

【損益平衡點】：

損益平衡點 = SELL CALL的履約價 （低履約價） ＋ 所收權利金

> **範　例**
>
> SELL CALL 9000 ，權利金120點＋ BUY CALL 9100 ，權利
> 金 78點
> 損益平衡點為 9000 ＋ （120－78） = 9042

同樣的來看這個範例在結算時的損益狀況，如下圖所說明的：

【組成部位與結算損益圖】

範例1

部位	買/賣	買權/賣權	履約價	權利金
1	SELL	CALL	9000	120
2	BUY	CALL	9100	78

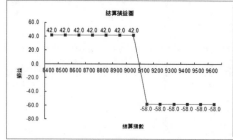

台指	1	2	TOTAL
8400	120.0	-78.0	42.0
8500	120.0	-78.0	42.0
8600	120.0	-78.0	42.0
8700	120.0	-78.0	42.0
8800	120.0	-78.0	42.0
8900	120.0	-78.0	42.0
9000	120.0	-78.0	42.0
9100	20.0	-78.0	-58.0
9200	-80.0	22.0	-58.0
9300	-180.0	122.0	-58.0
9400	-280.0	222.0	-58.0
9500	-380.0	322.0	-58.0
9600	-480.0	422.0	-58.0

▲ 圖5-7　SELL CALL 9000+ BUY CALL 9100結算損益圖

最大損失：58點 ，2900元

最大利潤：42點 ，2100元

最大報酬率 = 42/58 = 0.724倍

損益平衡點：指數在9042點時

所需保證金 100點 ，5000元

範例 2

部位	買/賣	買權/賣權	履約價	權利金
1	SELL	CALL	9100	78
2	BUY	CALL	9200	47

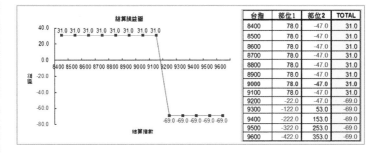

台指	部位1	部位2	TOTAL
8400	78.0	-47.0	31.0
8500	78.0	-47.0	31.0
8600	78.0	-47.0	31.0
8700	78.0	-47.0	31.0
8800	78.0	-47.0	31.0
8900	78.0	-47.0	31.0
9000	78.0	-47.0	31.0
9100	78.0	-47.0	31.0
9200	-22.0	-47.0	-69.0
9300	-122.0	53.0	-69.0
9400	-222.0	153.0	-69.0
9500	-322.0	253.0	-69.0
9600	-422.0	353.0	-69.0

▲ 圖5-8　SELL CALL 9100+ BUY CALL 9200結算損益圖

最大損失：69點 3450元

最大利潤：31點，1550元

最大報酬率 = 31/69 = 0.449倍

損益平衡點：指數在9131點時

所需資金 100點，5000元

範例3

部位	買/賣	買權/賣權	履約價	權利金
1	SELL	CALL	9000	120
2	BUY	CALL	9200	47

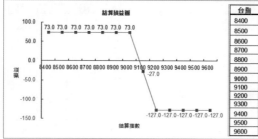

台指	部位1	部位2	TOTAL
8400	120.0	-47.0	73.0
8500	120.0	-47.0	73.0
8600	120.0	-47.0	73.0
8700	120.0	-47.0	73.0
8800	120.0	-47.0	73.0
8900	120.0	-47.0	73.0
9000	120.0	-47.0	73.0
9100	20.0	-47.0	-27.0
9200	-80.0	-47.0	-127.0
9300	-180.0	53.0	-127.0
9400	-280.0	153.0	-127.0
9500	-380.0	253.0	-127.0
9600	-480.0	353.0	-127.0

▲ 圖5-9　SELL CALL 9000 + BUY CALL 9200 結算損益圖

最大損失：**127點**，**6350元**

最大利潤：**73點**，**3650元**

最大報酬率 = 73/127= **0.575倍**

損益平衡點：指數在**9073點**時

所需資金 **200點**，**1萬元**

更多SELL CALL 價差教學，請看http://optree.com.tw/ad/option-11.html

MEMO

休息一下，記個筆記吧！馬上要進入重點囉！

Good!

看大跌——
賣權空頭價差

　　我稱它為BUY PUT空頭價差策略，操作價差有一個技巧就是要搞清楚誰是主角，誰是配角，我們來看以下賣權空頭價差。 2016/8/18 收盤的時候大盤指數9122，台指期指數8941，選擇權8800 PUT收盤價57，8700 PUT 收盤價 41。這一天你若看空行情可以組一個賣權空頭價差 BUY PUT 8800 + SELL PUT 8700。

部位	權利金	
BUY PUT 8800	57	主角
SELL PUT 8700	41	配角

▲ 表5-4

　　BUY PUT 8800 的權利金比較高，57點。SELL PUT 8700 的權利金比較低，41點，價格在變化的時候權利金比較高的漲跌變化也比較大，價差部位就是一個部位做多，另一個部位做空，兩個部位做反向。不管行情是漲是跌，一定有一個部位是賺錢，另一個部位是賠錢，整體策略要賺要賠主要看權利金高

的部位有沒有賺錢，所以權利金大的部位是主角，8800 PUT 的權利金比 8700 PUT 高，是這個價差策略的主角，而針對 8800 PUT 所做的選擇權策略是做買方 BUY PUT 8800，這是看空的意思，另外一個部位SELL PUT 8700 是做多的部位，它的漲跌較小，它的角色是配角。SELL PUT 8700 是賣方負責鎖住時間價值避免時間價值消失。所以我稱買進高履約價的PUT+賣出低履約價的PUT為BUY PUT 空頭價差策略。BUY PUT 8800 + SELL PUT 8700這個組合要賺錢，必須是BUY PUT 8800 看對方向才行。

　　2016/8/19台股下跌88.23點收盤價9043，台指期下跌95點收盤價8946，看這天的選擇權報價如下：

TAO	台指期							2016/09		
買價	賣價	成交	漲跌	成交量	規格	買價	賣價	成交	漲跌	成交量
0	0.4	0	0	0	10800	1800	1890	0	0	0
0	0.4	0	0	0	10600	1600	1700	0	0	0
0	0.4	0	0	0	10400	1400	1500	0	0	0
0.1	0.4	0.2	▼ 0.1	98	10200	1200	1300	1220	▲ 60	16
0.2	0.4	0.3	▼ 0.1	620	10000	1000	1100	955	▼ 5	22
0.2	0.5	0.5	▼ 0.2	520	9900	905	990	855	▼ 5	43
0.8	0.9	0.9	▼ 0.1	1197	9800	850	860	815	▲ 55	98
1.6	1.7	1.7	▼ 0.9	3293	9700	750	760	745	▲ 85	93
3	3.2	3.1	▼ 2.5	6750	9600	655	665	655	▲ 90	99
6.5	6.6	6.5	▼ 4.5	12085	9500	555	565	560	▲ 89	65
11.5	12	12	▼ 10	12811	9400	464	468	463	▲ 82	156
22.5	23.5	22.5	▼ 18	16742	9300	374	379	377	▲ 77	557
41.5	43	42	▼ 27	20201	9200	293	297	296	▲ 70	1426
71	72	71	▼ 37	14588	9100	222	223	223	▲ 56	3922
111	112	112	▼ 49	7915	9000	163	166	164	▲ 46	8499
163	165	164	▼ 61	2523	8900	117	118	117	▲ 34	13355
227	230	228	▼ 70	1161	8800	81	82	82	▲ 25	16297
301	305	303	▼ 75	647	8700	56	57	56	▲ 18	14364
382	387	383	▼ 81	204	8600	37.5	38.5	37.5	▲ 12	8920
469	474	488	▼ 67	267	8500	24.5	25.5	25	▲ 8	10253
560	570	560	▼ 90	161	8400	16	16.5	16.5	▲ 5.5	11058
655	665	715	▼ 35	56	8300	10.5	11	10.5	▲ 3.5	6974
750	760	755	▼ 90	109	8200	6.5	7.1	6.5	▲ 1.8	2659
815	900	880	▼ 65	21	8100	4.4	4.7	4.2	▲ 1.1	1905
940	960	985	▼ 55	78	8000	3.1	3.6	3.3	▲ 1	1498
1040	1070	1150	▲ 10	37	7900	1.9	2	2	0.5	237
1140	1160	1180	▼ 60	11	7800	1.3	1.5	1.2	0.2	359
1230	1270	1350	▲ 10	36	7700	0.9	1.1	0.9	0	276
1340	1370	1380	▼ 60	14	7600	0.7	1	0.7	▼ 0.1	419
1440	1460	1550	▲ 10	12	7500	0.4	3	0.6	▼ 0.1	319

▲ 表5-5　2016/8/19 9月份選擇權報價

　　指數下跌看空的PUT都會上漲，8800的PUT從57漲到82上漲25點，8700的PUT從38漲到56上漲18點。所以指數下跌88.23點，BUY PUT 8800 賺25點，SELL PUT 8700賠18點，加起來賺7點，買進兩口、賣出兩口來回交易四口，7點獲利還要扣掉四口交易成本，除非你的交易成本很低，不然價差真的不適合做短線。

【適用時機】：預期盤勢會大跌，做長不做短。

　　賣權空頭價差不適合做短線，短線兩個部位一漲一跌賺賠相抵，這時候出場賺不多，價差單的手續費是單邊部位的兩倍成本，不建議用價差單來做當沖。如上舉例，2016/8/19台股下跌88.23點收盤價9043，BUY PUT 8800 ，權利金57點＋SELL PUT 8700，權利金41點的價差只能賺7點，但若結算時指數跌到8700以下，此價差單可以賺84點。由此可知，價差是鎖住獲利，需要行情走遠才會有比較多獲利。

【最大損失】：支出的權利金成本

　　最大損失＝買方所付出的權利金－賣方所收的權利金

　　基本上買權多頭價差可以歸類在買方策略，一手買進賣權BUY PUT，另一手賣出賣權SELL PUT，一邊支出權利金，另一邊收取權利金，由於支出的權利金大於收取的權利金，所以這是一個買方策略，只要是支付權利金的策略單都可以歸類在買方策略。

範 例

假設某天台股在9122，台指期在8941

BUY PUT 8800 ，權利金57 **+ SELL PUT 8700** ，權利金41

點

BUY PUT付出57點權利金，**SELL PUT 8700** 收回41點權利

金，合計支出16點權利金

支出權利金成本 ＝ 57－41＝ 16

【最大利潤】：獲利有限但也可以倍數獲利

最大利潤＝兩個履約價的距離點數－支出的權利金成本

＝兩個履約價的距離點數－兩個履約價的權利金價差

範　例

台股在9122，台指期在8941

BUY PUT 8800 ，權利金57 + SELL PUT 8700，權利金41

點

最大利潤 ＝兩個履約價的距離點數 − 支出的權利金成本

$$= （8800–8700）－（57–41）$$

$$=100－16$$

$$= 84$$

剛剛算過BUY PUT 8800 ，權利金57 + SELL PUT 8700 ，

權利金41點的成本是16點，最大獲利是84點，算一算投資

報酬率也有5.25倍

最大報酬率 ＝ 84/16 ＝ 5.25倍

【損益平衡點】：買方的履約價－支出的權利金成本

BUY PUT 8800 ，權利金57 + SELL PUT 8700 ，權利金41

點的損益平衡點在

損益平衡點＝買方履約價8800－支出權利金成本16

$$＝ 8784$$

同樣的來看這個範例在結算時的損益狀況，

【組成部位與結算損益圖】

範 例

部位	買/賣	買權/賣權	履約價	權利金
1	BUY	PUT	8800	57
2	SELL	PUT	8700	41

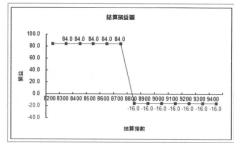

台指	部位1	部位2	TOTAL
8200	543.0	-459.0	84.0
8300	443.0	-359.0	84.0
8400	343.0	-259.0	84.0
8500	243.0	-159.0	84.0
8600	143.0	-59.0	84.0
8700	43.0	41.0	84.0
8800	-57.0	41.0	-16.0
8900	-57.0	41.0	-16.0
9000	-57.0	41.0	-16.0
9100	-57.0	41.0	-16.0
9200	-57.0	41.0	-16.0
9300	-57.0	41.0	-16.0
9400	-57.0	41.0	-16.0

▲ 圖5-10　BUY PUT 8800 + SELL PUT 8700 結算損益圖

最大損失：16點

最大利潤：84點

最大報酬率 = 84/16 = 5.25倍

損益平衡點：指數在8784點時

所需資金16點 × 50 = 800元

最大獲利84點 × 50 = 4200元

更多BUY PUT 價差教學，請看http://optree.com.tw/ad/option-12.html

4

看盤漲——
賣權多頭價差

我稱它為SELL PUT多頭價差策略，如上一節所敘述，操作價差有一個技巧，就是要搞清楚價差兩個部位之中誰是主角誰是配角，我們選擇權利金比較大的當作主角，整體部位會賺會賠就看主角是賺錢還是賠錢。

如果我們把上一節的例子反過來作，賣權空頭價差變成賣權多頭價差。

我們來看以下選擇權8800 PUT收盤價57，8700 PUT 收盤價 41。這一天我看多行情，進場操作賣權多頭價差 SELL PUT 8800 + BUY PUT 8700。

部位	權利金	
SELL PUT 8800	57	主角
BUY PUT 8700	41	配角

▲ 表5-6

SELL PUT 8800 的權利金比較高，57點。BUY PUT 8700 的權利金比較低，41點，價格在變化的時候權利金比較高的漲

跌變化也比較大,價差部位就是一個部位做多,另一個部位做空,兩個部位做反向。不管行情是漲是跌,一定有一個部位是賺錢,另一個部位是賠錢,整體策略要賺要賠主要看權利金高的部位有沒有賺錢,所以權利金大的部位是主角,8800 PUT 的權利金比 8700 PUT 高,是這個價差策略的主角,而針對8800 PUT 所做的選擇權策略是做賣方SELL PUT 8800 這是做多的部位,另外一個部位BUY PUT 8700 是做空的部位,它的漲跌較小,它的角色是配角。BUY PUT 8700 是買方負責鎖住下跌的風險。所以我稱賣出高履約價的PUT+買進低履約價的PUT為SELL PUT 多頭價差策略。SELL PUT 8800 + BUY PUT 8700這個組合要賺錢必須是SELL PUT 8800 看對方向才行。

2016/8/19台股下跌88.23點收盤價9043,台指期下跌95點收盤價8946,看這天的選擇權報價如下:

TAO	台指期							2016/09		
買價	賣價	成交	漲跌	成交量	規格	買價	賣價	成交	漲跌	成交量
0	0.4	0	0	0	10800	1800	1890	0	0	0
0	0.4	0	0	0	10600	1600	1700	0	0	0
0	0.4	0	0	0	10400	1400	1500	0	0	0
0.1	0.4	0.2	▼ 0.1	98	10200	1200	1300	1220	▲ 60	16
0.2	0.4	0.3	▼ 0.1	620	10000	1000	1100	955	▼ 5	22
0.2	0.5	0.5	▼ 0.2	520	9900	905	990	855	▼ 5	43
0.8	0.9	0.9	▼ 0.1	1197	9800	850	860	815	▲ 55	98
1.6	1.7	1.7	▼ 0.9	3293	9700	750	760	745	▲ 85	93
3	3.2	3.1	▼ 2.5	6750	9600	655	665	655	▲ 90	99
6.5	6.6	6.5	▼ 4.5	12085	9500	555	565	560	▲ 89	65
11.5	12	12	▼ 10	12811	9400	464	468	463	▲ 82	156
22.5	23.5	22.5	▼ 18	16742	9300	374	379	377	▲ 77	557
41.5	43	42	▼ 27	20201	9200	293	297	296	▲ 70	1426
71	72	71	▼ 37	14588	9100	222	223	223	▲ 56	3922
111	112	112	▼ 49	7915	9000	163	166	164	▲ 46	8499
163	165	164	▼ 61	2523	8900	117	118	117	▲ 34	13355
227	230	228	▼ 70	1161	8800	81	82	82	▲ 25	16297
301	305	303	▼ 75	647	8700	56	57	56	▲ 18	14364
382	387	383	▼ 81	204	8600	37.5	38.5	37.5	▲ 12	8920
469	474	488	▼ 67	267	8500	24.5	25.5	25	▲ 8	10253
560	570	560	▼ 90	161	8400	16	16.5	16.5	▲ 5.5	11058
655	665	715	▼ 35	56	8300	10.5	11	10.5	▲ 3.5	6974
750	760	755	▼ 90	109	8200	6.5	7.1	6.5	▲ 1.8	2659
815	900	880	▼ 65	21	8100	4.4	4.7	4.2	▲ 1.1	1905
940	960	985	▼ 55	78	8000	3.1	3.6	3.3	▲ 1	1498
1040	1070	1150	▲ 10	37	7900	1.9	2	2	0.5	237
1140	1160	1180	▼ 60	11	7800	1.3	1.5	1.2	0.2	359
1230	1270	1350	▲ 10	36	7700	0.9	1.1	0.9	0	276
1340	1370	1380	▼ 60	14	7600	0.7	1	0.7	▼ 0.1	419
1440	1460	1550	▲ 10	12	7500	0.4	3	0.6	▼ 0.1	319

▲ 表5-7　2016/8/19 9月份選擇權報價

　　指數下跌，所以PUT都會上漲，8800的PUT從57漲到82上漲25點，8700的PUT從38漲到56上漲18點。所以指數下跌88.23點，SELL PUT 8800 賠25點，BUY PUT 8700賺18點，8700 PUT 的漲幅幾乎抵掉 8800 PUT 的漲幅，讓損失大幅降低，我們再看其他的報價，9200 PUT的漲幅70點，9100 PUT 的漲幅56點，若單獨持有 SELL PUT 9200 會賠70點，但若同時持有

BUY PUT 9100 會少賠56點，由此可知，當指數大跌的時候還好有BUY PUT 避險，不然SELL PUT會賠很多錢。

【適用時機】‧預期盤勢不是盤整就是上漲，做長不做短。

SELL PUT多頭價差的邏輯很簡單，什麼時候操作SELL PUT 就什麼時候操作SELL PUT多頭價差，SELL PUT多頭價差只是SELL PUT單邊部位的替代品，一個從頭到尾持有BUY PUT 避險部位的替代品。若你是上班族，不能盯盤，若你害怕大跌對賣方造成損失，那你可以選擇操作SELL PUT 多頭價差，它比較安全。SELL PUT 就是看行情盤整或上漲它都賺錢，SELL PUT 多頭價差也是如此。若你認為行情在8900以上盤整，那麼你可以SELL PUT 8900 + BUY PUT 8800。你的主要部位是SELL PUT 8900，避險部位是BUY PUT 8800。

【最大利潤】：兩個權利金差

最大利潤＝賣方權利金－買方權利金

範 例

SELL PUT 8800 ，權利金57點 + BUY PUT 8700，權利金

41點

收進權利金57點

支出權利金41點

合計收進權利金57－41 = 16點

折合台幣16×50 = 800元

【保證金】：履約價差 × 50

差**100**點的價差保證金 **5000** 元，差**50**點的價差保證金

2500元，差**200**點的價差保證金**10000**元。

【最大損失】：

最大損失＝支出保證金－所收權利金

＝兩個履約價差 × 50元－所收權利金

＝（買方的履約價－賣方的履約價） × 50－所

收權利金

> **範 例**
>
> SELL PUT 8800 ，權利金57點 + BUY PUT 8700，權利金41點
>
> 支出保證金 ＝（8800－8700）× 50 ＝ 5000
>
> 所收權利金 ＝（57－41）× 50 ＝ 800
>
> 最大損失 ＝ 所支出保證金－一開始收的權利金
>
> 　　　　 ＝ 5000 – 800＝ 4200

　　保證金5000，這是表示此組合最大只會賠100點的價差，但是因為一開始收了16點折合台幣800元的權利金進來，所以最大損失要扣掉這收進來的權利金。由此可知，賣方的價差單是損失有限的，不用怕大行情。不過要提醒您，一定要指定組合成價差單才有效喔，若是分開SELL PUT 部位和BUY PUT部位，而且沒有把兩個指定組合在一起，則系統不知道你的部位之中誰和誰是價差單。在行情狂奔的時候保證金不會固定只有5000元，可能會遭券商視為風險太大而把SELL PUT 部位砍倉，這點要特別留意，就是所有的價差單組合都要做指定組合。

【損益平衡點】：

　　損益平衡點 ＝ SELL PUT的履約價 （高履約價） － 所收權利金

SELL PUT 8800，權利金57點 ＋ BUY PUT 8700，權利金

41點

損益平衡點為8800－（57－41）＝ 8784

同樣的來看這個範例在結算時的損益狀況：

【組成部位與結算損益圖】

部位	買/賣	買權/賣權	履約價	權利金
1	SELL	PUT	8800	57
2	BUY	PUT	8700	41

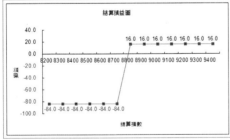

台指	部位1	部位2	TOTAL
8200	-543.0	459.0	-84.0
8300	-443.0	359.0	-84.0
8400	-343.0	259.0	-84.0
8500	-243.0	159.0	-84.0
8600	-143.0	59.0	-84.0
8700	-43.0	-41.0	-84.0
8800	57.0	-41.0	16.0
8900	57.0	-41.0	16.0
9000	57.0	-41.0	16.0
9100	57.0	-41.0	16.0
9200	57.0	-41.0	16.0
9300	57.0	-41.0	16.0
9400	57.0	-41.0	16.0

▲ 圖5-11　SELL PUT 8800 ＋ BUY PUT 8700 結算損益圖

最大損失：84點，4200元

最大利潤：16點，800元

保證金：100 點，5000元

最大報酬率 = 16/100 =16%

損益平衡點：指數在8784點時

更多SELL PUT 價差教學，請看http://optree.com.tw/ad/option-14.html

5

看盤整——
雙SELL部位

　　同時持有一個做多的SELL PUT部位和做空的SELL CALL部位就是雙SELL部位，雙SELL部位根據所持有的履約價還可以分成三種：

❶ 賣出勒式部位（**SELL CALL和SELL PUT在價外的不同履約價**）

❷ 賣出跨式部位（**SELL CALL和SELL PUT在相同履約價**）

❸ 賣出價內部位（**SELL CALL和SELL PUT在價內的不同履約價**）

　　不管是哪一種，其共同特徵就是持有一多一空兩個不同方向的賣方部位，適用在盤整盤行情。而實際應用上，最簡單和容易上手的雙SELL策略是賣出勒式部位，比較推薦新手從賣出勒式部位開始入手。

　　以2016/9/2的10月份選擇權報價來舉例，我們會從下方選擇權Ｔ字報價中去組合上述三種不同的雙SELL部位。2016/9/2這天加權指數8987，台指期指數8932，這天的選擇權收盤時的

T字報價如下：

買權（CALL）							履約價	賣權（PUT）						
買進	賣出	成交	漲跌	未平倉	總量	時間		買進	賣出	成交	漲跌	未平倉	總量	時間
1260	1350	--	0	1	--	--	7600	4.3	4.8	4.4	0.4	2393	136	13:44:38
1160	1260	--	0	0	--	--	7700	5.6	6.3	5.8	0.4	1389	25	13:44:45
1060	1160	--	0	1	--	--	7800	7.3	7.8	7.7	0.5	1365	71	12:48:33
970	1050	--	0	1	--	--	7900	10	10.5	10	0.4	1777	217	13:40:24
870	960	--	0	103	--	--	8000	13	14	13	1	5946	891	13:44:58
785	835	--	0	102	--	--	8100	19	19.5	19	1.5	1774	89	13:44:58
705	750	--	0	2	--	--	8200	24.5	25.5	24.5	1.5	4684	614	13:44:38
625	680	--	0	19	--	--	8300	32.5	33	32.5	1.5	2799	423	13:44:49
505	585	545	-15	10	30	11:29:32	8400	43.5	44.5	44	2.5	2539	458	13:43:53
451	471	--	0	51	--	--	8500	58	59	58	1	2252	429	13:44:57
372	390	385	-7	49	3	11:38:55	8600	78	79	77	2	2164	1139	13:42:39
295	306	306	-9	119	20	13:43:36	8700	102	104	103	3	1748	667	13:44:52
229	237	235	-9	272	28	13:23:21	8800	134	136	132	5	3751	411	13:40:04
178	180	178	-6	314	239	13:44:25	8900	175	178	175	4	1003	214	13:43:27
127	128	128	-5	1236	191	13:43:33	9000	224	229	225	9	652	94	13:41:41
87	88	88	-4	1263	309	13:44:43	9100	283	295	283	9	437	77	13:42:09
56	57	56	-4	2048	62	13:44:57	9200	345	363	358	15	291	45	12:11:50
35.5	36	35.5	-1.5	6589	1614	13:44:58	9300	423	443	433	14	79	10	11:25:23
20.5	21	21	-1.5	4148	703	13:44:40	9400	474	560	--	0	25	--	--
11.5	12	11.5	-1.5	5607	838	13:44:12	9500	565	650	--	0	23	--	--
6.6	7	7	-0.7	3895	974	13:43:48	9600	660	745	--	0	12	--	--
3.4	4	4	-0.3	3514	690	13:43:46	9700	775	840	--	0	2	--	--
1.9	2.4	2.4	-0.2	1605	81	13:40:56	9800	855	940	--	0	10	--	--

▲ 表5-8

我們來看第一種賣出勒式部位，SELL CALL 和 SELL PUT 在兩個不同的履約價，SELL CALL 在高履約價，SELL PUT 在低履約價，例如SELL CALL 9200，權利金56點 + SELL PUT 8600，權利金77點，結算損益圖如下：

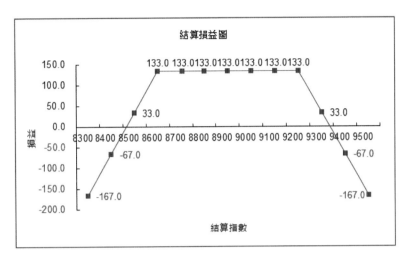

▲ 圖5-12

　　由圖可以看出只要結算落在8467～9333的區間就可以是獲利的，其中8600～9200這段區間固定獲利133點，8467～9333有866點的區間是獲利的，勝率頗高。

來看第二種雙SELL部位，賣出跨式部位

　　SELL CALL 和 SELL PUT 在同一個履約價，例如SELL CALL 8900，權利金 178點 + SELL PUT 8900，權利金175點，結算損益圖如下：

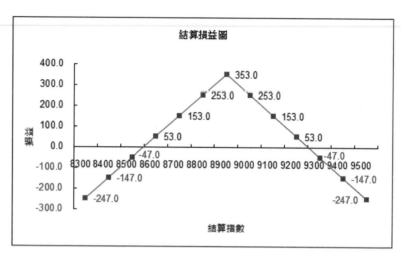

▲ 圖5-13

　　你可以看到圖形從梯形變成三角形，最大獲利也從133變成353，最大獲利大幅提升，獲利區間為8547~9253，獲利區間有706點也不小。由上圖可以看出，指數若結算在8900可以得到最大獲利353，獲利以雙SELL的位置8900為中心往左右兩邊遞減。而組合約的時候台指期指數就在8932，若經過一個多月行情還在原地獲利最大。

再來看第三種雙SELL，價內雙SELL

　　將第一種賣出勒式單的部位顛倒做，SELL CALL 和SELL PUT的履約價互換，讓這兩個商品的賣方都買價內的履約價去，SELL CALL 8600，權利金385點 + SELL PUT 9200，權利金358點，來看這個價內雙SELL所組成的結算損益圖：

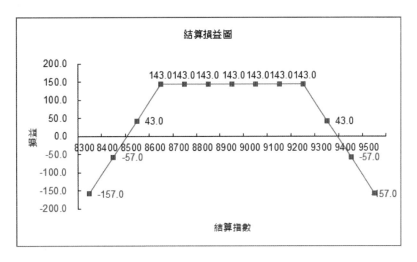

結算損益圖

▲ 圖5-14

　　你不覺得這張圖和第一個策略賣出勒式部位長得一樣嗎？只是獲利數字略有差異。沒錯，若是光看結算損益圖，這兩個還真是孿生兄弟沒有什麼不同，但是在實務交易上可差多了，最大的差異在這些深價內的履約價成交量太少，成交量少的組合單實務上交易是有困難的，不鼓勵交易這樣的策略。2016/9/2當天9200 PUT成交口數只有45口，流通性非常差，一天5個鐘頭的交易時間平均每小時成交9口，每分鐘成交0.15口，你根本無法即時成交。能夠即時成交是一個操作非常重要的指標，才不會看到價格想要買進，但是苦等不到成交，想要賣出遲遲等無人。成交量少的合約若急著成交必須接受頗大的價差，買在很貴的價格，賣在很差的價格，你願意吃這虧嗎？你看8600 CALL的最後成交時間在早上11:38分，9200 PUT最後成交的時間在12:11分，所以這根本不是收盤前13:45的成

交時間。這兩個商品的報價都失真，結論是**不要操作價內雙
SELL**，成交量少流通性差，理論上是一個組合策略，但是實
務上不適合交易。

買權（CALL）							履約價	賣權（PUT）						
買進	賣出	成交	漲跌	未平倉	總量	時間		買進	賣出	成交	漲跌	未平倉	總量	時間
372	390	385	-7	49	3	11:38:55	8600	78	79	77	2	2164	1139	13:42:39
295	306	306	-9	119	20	13:43:36	8700	102	104	103	3	1748	667	13:44:52
229	237	235	-9	272	28	13:23:21	8800	134	136	132	5	3751	411	13:40:04
178	180	178	-6	314	239	13:44:25	8900	175	178	175	4	1003	214	13:43:27
127	128	128	-5	1236	191	13:43:33	9000	224	229	225	9	652	94	13:41:41
87	88	88	-4	1263	309	13:44:43	9100	283	295	283	9	437	77	13:42:09
56	57	56	-4	2048	62	13:44:57	9200	345	363	358	15	291	45	12:11:50

▲ 表5-9

　　我們來針對比較常用的招式「賣出勒式部位」進一步解
釋。

　　我們預測行情未來在一個區間之內盤整，界定這個區間的
上下緣，在區間上緣SELL CALL，在區間下緣SELL PUT。例
如我認為行情在8600～9200之間盤整，則我SELL PUT 8600 +
SELL CALL 9200。還記得單一部位SELL CALL 9200 是什麼意
思嗎？我看行情不漲過9200，還記得單一部位SELL PUT 8600
是什麼意思嗎？我看行情不跌破8600，兩個加起來就是預測行
情在8600～9200之間。

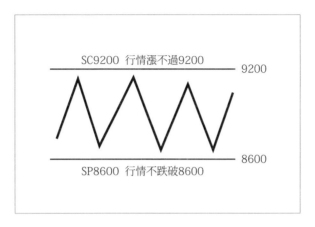

▲ 圖 5-15

　　SELL CALL 9200 權利金是56點，這都是時間價值會消失的。

　　SELL PUT 8600 權利金77點，這都是時間價值會消失的。

　　所以這兩個組合在一起，時間價值有77+56=133點，只要在8600~9200之間盤整，133點時間價值會全部收乾。

內涵價值	時間價值	成交	履約價	成交	時間價值	內涵價值
332	53	385	8600	77	77	**SP**
232	74	306	8700	103	103	
132	103	235	8800	132	132	
32	146	178	8900	175	175	
	128	128	9000	225	157	68
	88	88	9100	283	115	168
SC	56	56	9200	358	90	268

▲ 表5-10　權利金報價與時間價值

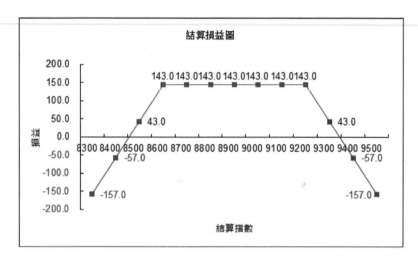

▲ 圖5-16　價外雙SELL　SELL CALL 9200 + SELL PUT 8600

時間價值部分 77+56=133 ，也就是損益圖裡面最大獲利133。

【適用時機】：預期行情在一個區間盤整

賣出勒式部位，用盤整區間定義你的賣方履約價，在**盤整區間上方定義SELL CALL位置，在盤整區間下方定義SELL PUT位置**。例如你認為行情在8600～9200之間整理，你就組一個SELL CALL 9200 + SELL PUT 8600，若你認為行情在8900～9200之間整理，你就組SELL CALL 9200 + SELL PUT 8900。

【最大利潤】：

賣出勒式部位SELL CALL和SELL PUT 所收之時間價值

最大利潤＝SELL PUT時間價值+SELL CALL時間價值

我們現在介紹的是價外的雙SELL策略，價外的權利金都是時間價值，是會消失的，SELL CALL和SELL PUT所收的權利金也就是你的最大獲利。

賣出勒式部位

SELL CALL 9200 + SELL PUT 8600的最大獲利為

SELL CALL 9200時間價值+ SELL PUT 8900時間價值

= SELL CALL 9200權利金+ SELL PUT 8900權利金

= 56 + 77

= 133

【保證金】：

雙SELL的保證金幾乎可以減半，這在交易上滿有用的。對於一開始手頭上現金不多的情況下交易兩口，賣方只酌收一口的保證金，可以讓資金更有效利用。

保證金=MAXIMUM（賣出CALL之保證金，賣出PUT之保證金）＋保證金較低方之權利金市值

【最大損失】：

不管是大漲還是大跌，雙SELL的損失是無上限。

【組成部位與結算損益圖】

我們先來看第一種，賣出勒式部位

範 例

部位	買/賣	買權/賣權	履約價	權利金
1	SELL	CALL	9200	56
2	SELL	PUT	8600	77

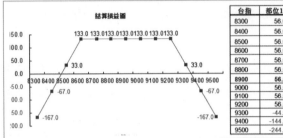

▲ 圖 5-17

最大獲利：133點

最大損失：無限

損益平衡點：8467和9333

SELL PUT 履約價 8600往下減 133 = 8467

SELL CALL 履約價9200 往上加 133 = 9333

獲利區間：8467～9333

更多雙SELL教學，請看http://optree.com. tw/ad/option-15.html

6

看大漲or大跌──
雙BUY部位

同時持有一個做多的BUY CALL部位和一個做空的BUY
PUT部位就是雙BUY部位，雙BUY部位又可以分成買進勒式
部位和買進跨式部位。在同一個履約價BUY CALL + BUY PUT
稱為買進跨式部位，在不同履約價買進稱為買進勒式部位。

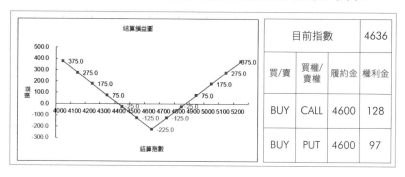

目前指數			4636
買/賣	買權/賣權	履約金	權利金
BUY	CALL	4600	128
BUY	PUT	4600	97

▲ 圖5-18　買進跨式部位 BUY CALL 4600+BUY PUT 4600 CALL、PUT在同
一履約價

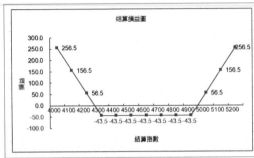

▲ 圖 5-19　買進勒式部位　BUY CALL 4900 + BUY PUT 4300，CALL、PUT 在不同履約價

　　由圖可知這是一個賠錢區間在中間，獲利區間在兩邊的組合單，行情大漲或是行情大跌會賺錢，若漲得不夠遠，跌得不夠遠，BUY CALL 和 BUY PUT 兩邊都會賠錢的。BUY CALL、BUY PUT 多空兩邊押寶，這是一個波動策略，只要將來有行情，價格有大波動，不管往上或是往下都會賺。雙BUY策略要賺錢的前提是：「**未來行情波動要大**」和「**雙BUY 成本要低**」。

　　講到選擇權雙BUY策略就會讓人想到總統大選，每逢總統大選總是會有人出來鼓吹投資人進場雙BUY兩邊押寶，不管誰當選都會有行情，大跌大漲都可以賺，要買要快，錯過今年再等四年。雙BUY賺錢的案例都舉2004年總統大選，那次陳水扁呂秀蓮對戰連戰搭配宋楚瑜，可以說是經典戰役。選前陳水扁肚子挨兩顆子彈，換來選後台股挨兩顆子彈，台股連續兩根跌停板。選前3月19日6000 PUT價格19，選後3月22日6000 PUT價格漲到385，一根跌停板翻了19倍，兩根跌停板翻了將近400

倍嗎？不是的，第一天選擇權PUT價格已經提前反映了，PUT已經提前超漲（註）。鼓吹總統大選可以雙BUY者紛紛以2004年的總統大選當作案例，每隔四年炒作一次總統大選的題材，每逢總統大選就有很多市場新手進場試手氣，原本不買選擇權的投資人也心動跑去開戶、下單。大眾進場的結果是，選擇權價格被買貴，CALL和PUT兩邊的權利金雙雙上漲。進場成本太高就算有大波動也不會賺錢。你想像一下，如果買進跨式部位CALL和PUT的成本加起來有823點，那有多少賺錢的機會？答案是幾乎等於零。

把剛剛的4600價平雙BUY的權利金改成420和403，從下圖來看4000到5200的區間都是虧損的，獲利區間跑到圖表的外面無法顯示。

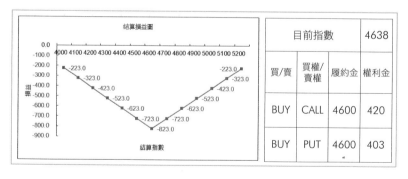

▲ 圖5-20　買進跨式部位 如果權利金變很貴，注定雙BUY會失敗

事實上，這就是2008年總統大選前的選擇權報價，2008/3/21這天台指期指數8612，價平的8600 CALL報價420，8600 PUT報價403，兩個加起來有823點，這超貴的權利金注定

了雙BUY失敗的結局。這次馬英九當選總統，台股開高慶祝。最高漲到9113，比起前一天的收盤價8612上漲了501點，就算大漲500點也無法挽回雙BUY的賠錢命運，這一天8600 CALL的收盤價是483，8600 PUT的收盤價只剩下197。一天就賠掉143點。

進場成本 420 + 403 = 823

出場價格 483 + 197 = 680

出場價格 − 進場成本 = 680 − 823

$$= - 143$$

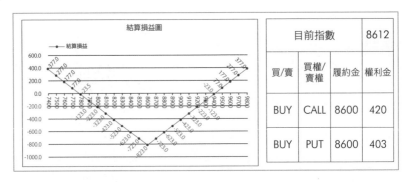

▲ 圖5-21　買進跨式部位BUY CALL 8600+ BUY PUT 8600，虧損的區間有1646點

　　總統大選操作雙BUY，除了2004年作為案例的這一年以外沒有一次成功，2008年失敗、2012年失敗、2016年也失敗，散戶都知道要進場雙BUY，雙BUY就不會賺錢。2008年、2012年、2016年這三次總統大選我都是進場操作雙SELL收取超漲的權利金。記住，下次總統大選的時候如果你又聽到別人在炒

作總統大選行情，雙BUY可以賺錢，請當作沒聽到。

　　總之，雙BUY策略是預測行情會有大波動，但不知道往哪邊，於是進場多空兩邊押寶，進場條件是有重大事件發生前，但是被過度炒作的總統大選就不要再進場了。進場條件還可以依據技術分析，找出行情正要發動的時機，例如行情整理到末端。

> ## 註 解
>
> 一根跌停板翻了19倍，兩根跌停板翻了將近400倍嗎？不是
> 的，第一天選擇權PUT價格已經提前反映了，PUT已經提前
> 超漲，事實上第二天6000 PUT的報價最高也只漲到424，
> 只比前一天多漲了39點，期貨跌停板選擇權只上漲39點，
> 只漲10%，這不合理，這暗示行情到此為止不會再跌。選擇
> 權的報價是很靈敏的，能夠當作行情是否超跌（止跌）、超
> 漲（止漲）的探照燈。
>
> 剛剛所提的期貨跌停板選擇權PUT價格超漲是因為期貨跌停
> 鎖死了，選擇權PUT還不會馬上漲停鎖死，所有的期貨多單
> 無法停損出場的都只剩下一個出路，就是BUY PUT避險，這
> 個時候BUY PUT還可以買，於是期貨跌停選擇權PUT會繼續
> 上漲直到PUT也漲停為止。這個時候期貨和選擇權報價就不
> 同步，一個已經跌停停止報價，一個價格快速上揚，所以選
> 擇權會超漲，提前反映未來的價格。

筆記 買進跨式部位

部位	買/賣	買權/賣權	履約價	權利金
1	BUY	CALL	9200	123
2	BUY	PUT	9200	71

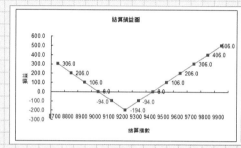

台指	部位1	部位2	TOTAL
8700	-123.0	429.0	306.0
8800	-123.0	329.0	206.0
8900	-123.0	229.0	106.0
9000	-123.0	129.0	6.0
9100	-123.0	29.0	-94.0
9200	-123.0	-71.0	-194.0
9300	-23.0	-71.0	-94.0
9400	77.0	-71.0	6.0
9500	177.0	-71.0	106.0
9600	277.0	-71.0	206.0
9700	377.0	-71.0	306.0
9800	477.0	-71.0	406.0
9900	577.0	-71.0	506.0

▲ 圖5-22　買進跨式部位：BUY CALL 和 BUY PUT 在同一個履約價

最大損失：194點

最大獲利：無限

損益平衡點：9006和9394

履約價 9200往上加194= 9394

履約價 9200往下減 194= 9006

虧損區間：9006～9394

買進勒式部位

部位	買/賣	買權/賣權	履約價	權利金
1	BUY	CALL	9400	27.5
2	BUY	PUT	9000	25.5

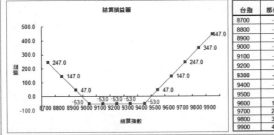

台指	部位1	部位2	TOTAL
8700	-27.5	274.5	247.0
8800	-27.5	174.5	147.0
8900	-27.5	74.5	47.0
9000	-27.5	-25.5	-53.0
9100	-27.5	-25.5	-53.0
9200	-27.5	-25.5	-53.0
9300	-27.5	-25.5	-53.0
9400	-27.5	-25.5	-53.0
9500	72.5	-25.5	47.0
9600	172.5	-25.5	147.0
9700	272.5	-25.5	247.0
9800	372.5	-25.5	347.0
9900	472.5	-25.5	447.0

▲ 圖5-23　買進勒式部位：BUY CALL 和 BUY PUT 在不同履約價

最大損失：53點

最大獲利：無限

損益平衡點：8947和9453

CALL履約價9400往上加53 = 9453

PUT履約價9000往下減53 = 8947

虧損區間：8947～9453

更多雙BUY教學，請看http://optree.com.
tw/ad/option-16.html

　　選擇權的組合單其實很簡單，先弄明白選擇權4個基本部位BUY CALL、SELL CALL、BUY PUT、SELL PUT和下單時機以後，就可以很快學會選擇權組合單。買權多頭價差是BUY CALL 的替代品、賣權空頭價差是BUY PUT的替代品、買權空頭價差是SELL CALL 的替代品、賣權多頭價差是SELL PUT的替代品。以下表格可幫助了解，請留意藍字的部分：

單一部位		策略名稱	替代品	策略名稱
	9000	買進買權	BUY CALL 9000 + SELL CALL 9100	買權多頭價差
	9000	買進賣權	+ SELL PUT 8900	賣權空頭價差
	9000	賣出買權	+ BUY CALL 9100	買權空頭價差
	9000	賣出賣權	+ BUY PUT 8900	賣權多頭價差

▲ 表5-11

- BUY CALL策略用在預測行情會大漲，買權多頭價差也是。
- BUY PUT 策略用在預測行情會大跌，賣權空頭價差也是。
- SELL CALL策略用在預測行情會盤整或下跌，買權空頭價差也是。
- SELL PUT策略用在預測行情會盤整或上漲，賣權多頭價差也是。

　　再來就是雙SELL 策略是預測行情未來會區間盤整，雙BUY 策略預測行情未來會有大波動，多空兩邊押寶。記住這些策略的使用時機，研判大盤未來會怎麼走，對症下藥就可以在選擇權獲利。

MEMO

休息一下，記個筆記吧！馬上要進入重點囉！

MEMO

Good!

你可以是成功的投資者

　　根據在券商工作的朋友表示，投資期貨、選擇權的客戶裡面，贏家不到一成，有九成是賠錢的，大部分在開戶一年之內就畢業。為什麼呢？不是因為聰明才智的差別，而是因為槓桿的濫用。槓桿放大了人性的弱點，你所擁有的壞習慣在期貨、選擇權上會加倍放大。**股票不停損，還只是套牢，選擇權不停損就是災難**。股票賠錢加碼攤平，還有機會等到賺錢的那一天（我不推薦加碼攤平），但是我幾乎沒有看過期貨、選擇權用加碼攤平的方式可以成為贏家的。或許有幾次運氣好讓你賺了錢，但是終究會被市場淘汰，不管你的資本有多雄厚。這些交易的壞習慣可以透過天使卡、惡魔卡來克服（在我上一本著作《獨孤求敗贏在修正的股市操盤絕技》裡，提過我如何透過天使卡、惡魔卡來戒掉壞習慣、養成良好的交易習慣）。要成為贏家就要遵守紀律，對於大部分人來講，刻意去遵守你平常不會做的「紀律」並不容易，如果養成良好的交易習慣，紀律就不需要刻意去遵守，而是自然而然做到，讓我們一起養成賺錢的好習慣吧。

　　做一個專職投資人與投資教育者，我能做的是將知識傳遞出去，但是光知道是不會發揮作用的，知識必須實踐才會發揮力量。而最好的學習方式，就是直接拿錢投資，邊做邊學，有錢在裡面輸贏學最快。看百本書不如買進一口選擇權。不過請你一定要記得，要能夠駕馭有槓桿的商品一定要去槓桿，用比較多的錢來操作一口期貨、選擇權。先不急著賺錢，在你學會方法之前，在你能夠確實做到、穩定獲利之前，先用一點錢來學習、練兵。短期的獲利和虧損並不能代表什麼，這有點運氣。把時間拉長到一年、兩年、三年……，經歷多、空的循環、經歷盤整和趨勢的替換、經歷賺錢的快樂和賠錢的低潮，這些經驗會練就你的投資技能，這些是無法速成的。投資就像工作和打電動一樣，是可以學習的，是需要鍛鍊。這個市場是有經驗的人用經驗賺錢，沒有經驗的人用錢買經驗。你可以透過看書、上課，快速學習別人的經驗，學到如何投資，但你需要親身經歷、不斷練習，投資這項技能才會變成你的一部分。我每天都在交易，都會在部落格「選擇權搖錢樹」寫交易日記、寫投資心得，BLOG裡面有很多關於投資選擇權的文章，這些訊息也可以在手機的LINE和APP看到，歡迎你來。

選擇權搖錢樹

LINE@：@OPTREE
APP：
Android 版本：https://goo.gl/SjaXz2
iOS 版本：https://goo.gl/snHj0F

Android 系統　　iOS 系統

選擇權
必須了解的遊戲規則

❶ 交易時間

投資選擇權你要了解什麼遊戲規則呢？首先是交易時間。交易時間和期貨的交易時間一樣，**早上8:45到13:45之間5個小時**。這5個小時裡面最重要的是10點半之前的早盤，因為大部分行情都發生在早盤，真的是一日之計在於晨，早盤錯過就沒飯吃了。對於當沖交易的人來說，早盤是重要的，有人乾脆立志10點下班。2017年5月15日以後，台指期的交易時間會延長到下午和晚上，交易時間延長達18、19小時。也就是投資人下班後回去晚上還可以交易台指期，盤後還可以交易多了避險管道，且跳空的機會變小。

❷ 結算日

選擇權是有到期日的，也就是結算日，它不像股票一樣可以天長地久，它的生命週期很短，月選擇權生命週期一個月，週選擇權生命週期一個禮拜。結算那天賺賠一翻兩瞪眼，不是不停損凹單，就可以把錢凹回來，結算時你所買的合約沒有履

約價值，買方權利金會全部歸零；而對於賣方來說，只要到結算時對手沒有履約價值，則會把權利金全部沒收放進口袋。結算日怎麼算？對於**月選擇權**來說，是每個月的第三個禮拜三結算，這裡要留意是第三個禮拜三喔，不是第三週的禮拜三。以下面的月曆，第三個禮拜三是9月21日，不是9月14日。

　　週選擇權則每週結算，這週三發行第一天，下週三就結算，生命短暫。短線交易，很適合台灣人的胃口。如果結算那天碰到國定假日或是颱風假怎麼辦？向後延一個工作日。例如，如果2016年9月21日放假，則9月份的結算日為9月22日，因為這是這個月的最後一週，所以月選擇權當作週選來用。關於遇到假期而更動結算日的狀況，詳細的日期變更，還是要以

期交所的公告才算數,所以一旦有颱風或是連續假時,可以注意一下期交所的公告或是詢問自己的營業員。

❸ 部位限制

部位限制這是高級煩惱,一般人用不到這樣的限制。台指選擇權自然人的最大部位限制是**4萬5千口**,法人最大部位限制是9萬口,自營商則是27萬口。倒是自己要給自己做「部位限制」,不要買太多,一定要在合乎風險考量的前提下去做交易,**部位規模是第一件重要的事**。

❹ 每日漲跌幅

選擇權的漲跌幅和台指期一樣,現在台指期的漲跌幅放寬到10%,所以選擇權的漲跌幅也是放寬到10%,只是這個10%是**加權股價指數前一營業日收盤價的10%**。指數在9000,10%是900點,選擇權報價要漲停,權利金要再漲900點才會漲停,這是一個很大的數字。當漲跌停放寬到10%後,期貨不容易漲跌停,選擇權更難漲停。我有幸能參與2008年、2009年的台指期&台指選擇權的操作,2008年金融危機,台股大崩盤,政府推出漲跌停減半的機制,原本7%縮減為3.5%,讓我這一年常常看到漲跌停,2009年走勢開始走多頭,這一年又讓我看到兩次期貨漲停板,其實期貨漲停、跌停,選擇權還不會馬上漲停,還有空間讓它漲。在2008年經歷漲跌停之後,我研究出專做漲跌停的選擇權套利策略,每一組套利單可以有2、300點的套利空間,約有市價1萬到1萬5的獲利,這對於套利來說,是巨大的獲利,極端的走勢有極大的套利空間,一般套利應該是

微薄的利潤，5點、7點這種利潤才是。這個套利方法讓我在後來幾次的漲跌停有用上。由於利用漲跌停的套利，是比較難一些的組合單，就先不在這裡述說。有興趣的讀者可以到google搜尋：「選擇權搖錢樹 3.5% 套利」查詢相關文章。

❺ 選擇權的標的物

操作選擇權到底看期貨指數，還是看加權指數？選擇權標的物是台灣證券交易所發行量加權股價指數。

「發行量加權股價指數」計算方式是以1966年之股票市場市值為基期（設定為100點），除特別股、全額交割股及上市未滿一個月之股票外，其餘皆包含在其採樣中。

目前發行量加權股價指數之產業分類及其比重如下：

產業別	占比	產業別	占比
半導體業	25.31%	貿易百貨	1.57%
金融保險	12.61%	汽車工業	1.42%
其他電子業	7.26%	建材營造	1.36%
塑膠工業	6.75%	橡膠工業	1.32%
通信網路業	6.63%	航運業	1.31%
電腦及週邊設備業	6.08%	水泥工業	0.98%
電子零組件業	4.33%	化學工業	0.98%
光電業	4.06%	生技醫療業	0.86%
油電燃氣業	3.81%	電子通路業	0.85%
其他	3.52%	觀光事業	0.47%
食品工業	2.14%	電器電纜	0.31%
鋼鐵工業	2.00%	造紙工業	0.25%
電機機械	1.84%	玻璃陶瓷	0.18%
紡織纖維	1.63%	資訊服務業	0.18%

由上表可以看到**半導體和金融股兩類是比重最大的部分，兩類合起來占近38%**，所以要拉抬台股或攆殺台股必會從這兩個族群下手。很多時候台股大漲大跌這兩個族群是同漲、同跌。投資期貨、選擇權的朋友可以觀察類股漲跌以及重要權值

註 解

正價差：期貨價格高於現貨（加權指數）

逆價差：期貨價格低於現貨（加權指數）

股的買賣，用現金買賣股票影響加權指數，加權指數影響期貨走勢、影響選擇權價格走勢。**用現貨買賣判斷期貨、選擇權走勢是短線的操作技巧。**而期貨走勢和加權指數短線上可能不同價不同向，可能期貨上漲加權指數下跌，可能期貨指數低於加權指數產生逆價差，也可能期貨指數高於加權指數產生正價差（註），尤其是除權息旺季7、8、9月逆價差可以達到200點，那麼操作選擇權到底要看期貨指數還是加權指數呢？短線上來說，選擇權價格和期貨是同步的；長線來看，以加權指數作為最後的結算價，所以操作選擇權要看期貨或者看加權指數，取決於你操作的週期。

❻ 到期契約

操作選擇權有好多個到期日的合約可以選，到底有哪些到期契約可以選呢？

例如2016年11月4日，到期契約有以下幾個：

2016年11月W2週

2016年11月

2016年12月

2017年1月

2017年3月

2017年6月

期交所的到期契約規則是自交易當月起連續3個月份，另加上3月、6月、9月、12月中兩個接續的季月，另除每月第二個星期三外，得於交易當週之星期三加掛次一個星期三到期之

契約。

　　你要先決定你要交易的週期，再決定你要選哪一個到期契約，你若想做短線、當沖，或放一兩天就出場，那麼操作**週選擇權**就可以了，週選擇權槓桿比較大，比較有感。若你想持有兩個禮拜或10天，那麼你要操作**月選擇權**，買當月到期的合約就好，若你想持有一個月以上，那你可以買**次月結算**的合約。根據你的交易週期、想要持有的天數，選擇適合的到期契約。關於遠月份的合約，成交量比較少，成交量少的合約你若急著想要停損，沒人跟你買就麻煩了，你不是用很差的價格成交，就是無法即時停損會損失擴大，交易要留意**流通性**的風險。

❼ 契約乘數（金額）

　　權利金每1點新台幣50元。例如權利金30點折合新台幣1500元。選擇權的契約乘數和小台一樣，1點50元，那麼一口期貨搭配一口選擇權做避險是剛好的，例如一口小台期貨多單＋一口選擇權BUY PUT 避險。而大台的契約乘數是200元，一口大台期貨多單，需要四口選擇權BUY PUT 避險，才能完全鎖住下跌的風險。

❽ 權利金報價單位

　　講完選擇權的契約乘數，下一個要講的重點是選擇權的權利金跳動的單位。

　　報價未滿10點：0.1點（5元）

　　報價10點以上，未滿50點：0.5點（25元）

　　報價50點以上，未滿500點：1點（50元）

報價500點以上，未滿1000點：5點（250元）

報價1000點以上：10點（500元）

500點以上就不用看，因為很少會有人買500點以上的選擇權，500點、25000元可以操作小台期貨了。比較重要的是50點以上，每次跳動1點，50點以下每次跳動0.5點，10點以下每次跳動0.1點。跳動點數不同，漲跌的速度就不同。你做買方買進50點的合約，看錯方向賠錢的時候，是以0.5點的速度在賠錢，看對方向賺錢的速度是以1點在跳動，這不是很棒嗎？買進10點權利金的買方更有趣，賠錢的時候是以0.1點的速度賠，賺錢的時候是以0.5點的速度在賺錢，賺錢速度是賠錢速度的5倍。在這種關鍵價位的商品，賺賠速度不一樣，有心者可以好好利用。

❾ 履約型態

台指選擇權屬於歐式選擇權。歐式選擇權的買方必須於合約到期日當日才可以行使買入或賣出的權利。另外一種是美式選擇權，美式選擇權的買方有權在合約到期日前的任何一天要求行使買入或賣出的權利。你若有交易美股選擇權，那就是用美式選擇權的規則。例如你持有美股加上美股選擇權SELL CALL部位，股價50元你SELL CALL是55元，意思是股價漲到55元，你要賣股票的意思。如果過了三天股價就漲到57元，買方要求執行權利，這麼多賣方由誰來執行賣股呢？用抽籤的，若剛好抽籤抽到你，你就需要賣股票。

❿ 是否有結算價值（履約價值）

　　你買進履約價8900的CALL，結算價格要超過8900，你的BUY CALL 8900才有結算價值；你買進履約價8900的PUT，結算價格要低於8900，你的BUY PUT才會有結算價值。行情沒有漲到或跌到你說的目標價（履約價），你的選擇權權利金在到期那天會全部歸零。而到期那天的損益，端看你的進場成本決定，例如BUY CALL 8900 成本 50點，結算價格在 8920，則結算那天你有結算價值 20 點，但是因為你的成本為 50 點，你還倒賠 30 點。對於BUY CALL來說，你所買進的履約價加上權利金是你的損益平衡點。接著我們來看看幾個例子，加強記憶。

　　例1：BUY CALL 9000 成本25點，結算價格在 9250，超出你的履約價250點，這是你的結算價值，扣除你的交易成本25點，你賺225點權利金。

　　例2：你BUY PUT 9000成本25點，結算價格在9250，你BUY PUT是看跌，但是結算沒有跌破9000，則你的BUY PUT 9000合約不具有結算價值，25點權利金會歸零。

　　例3：你BUY PUT 9000成本25點，結算價格在8900，跌破9000點，你的BUY PUT 8900具有結算價值，價值100點，扣掉你的買進成本25點，你賺75點權利金。

　　相信從以上例子，你就會明白你所買的買方到結算那天是否有結算價值，是否會賺錢。有個很重要的觀念，你所買的履約價（目標價）在結算時，結算價一定要超越你設定的履約價（目標價），你才有機會賺錢。結算前，則是看價差來決定賺

賠，這部分在接下來⓭會再詳細說明。

⓫ 選擇權交易稅

選擇權的交易稅是千分之一，0.001。

假設結算前買賣台指選擇權成交權利金30.5點，10口。

每口契約價值 = 30.5點× $50 = $1525

每口交易稅 = $1525 ×稅率0.001 = $1.525，四捨五入

至整數 = $2

應付交易稅 = $2 ×10 = 20元

⓬ 選擇權手續費

交易成本除了交易稅以外，還有手續費。如果你每口交易手續費是50元，則來回手續費需要100元，等於2點，你賺的點數要扣掉這2點交易成本（手續費）和交易稅後，才是你的收入。關於手續費，每家券商每個營業員都不同，你可以找一個系統穩定、營業員服務好、手續費又合理的地方去下單。

⓭ 我到底是賺是賠？

除了放到結算，讓結算價來決定賺賠之外，在結算之前，都是以價差來決定賺賠。對於買方來說，權利金變大是賺錢，權利金變小是賠錢；賣方則顛倒。

例1：BUY CALL 8900，進場成本50點，你可以不用等到

結算，進場之後任何時間你都可以出場，出場是賺是賠就看權利金的價差。假設進場價50點，出場價80點，你就賺30點。如果是進場價50點，出場價40點，你就賠10點，所以對於選擇權來說，完全是賺價差。

例2：SELL CALL 9000，這是賣方，所以權利金變大是賠錢，變小是賺錢。如果成本 100點權利金，若權利金漲到 180，則你賠80點，若權利金跌到20點，則你賺80點。

BUY PUT則是買方，權利金變大是賺錢，變小是賠錢。

例3：BUY PUT 9000 進場成本50點，則權利金漲到60出場，你賺10點，權利金跌到45出場你賠5點。

也就是說，選擇權若擺到結算，損益看結算價來計算；選擇權若結算前出場，賺賠就看權利金的價差。

軟體工具介紹

❶ CMONEY 選擇權搖錢樹交易訊號

　　第三章所敘述的用月線（20日均線）方向+選擇權最大未平倉量來當作操作賣方的參考依據，有軟體開發商CMONEY理財寶做出這樣的指標，將每天的最大未平倉量和台股指數整合在一起，方便投資人一目了然，知道行情的方向和區間。

　　CMONEY 選擇權搖錢樹訊號，下載試用請掃右邊QR Code

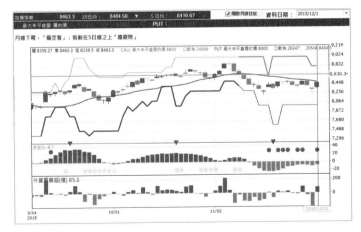

▲ 圖1　CMONEY 選擇權搖錢樹訊號　　日期為 2015/12/1

2015/12/1這天CMONEY選擇權搖錢樹訊號顯示，選擇權CALL最大未平倉量的位置在8800，有34899口，選擇權PUT最大未平倉量的位置在8000，有26347口。

　　這個訊號的用法：先用均線判方向再用最大未平倉量判區間。每一天的CALL最大未平倉量用橘色線來畫，每一天的PUT最大未平倉量用紫色線來畫。橘色的線和紫色的線將大盤走勢給夾在中間，定義行情的區間，做賣方就是要定義行情的區間，這是選擇權賣方專用的交易訊號。

　　當20日均線往上趨勢往上，紫色的線畫得比較粗，建議做多。當20日均線往下趨勢往下，橘色的線畫得比較粗，建議做空。

　　2015/12/1這天，由於20日均線方向往下，所以我們選擇SELL CALL 8800。

❷ **WINSMART 聰明贏下單軟體**

　　第三章所提到的移動停利，移動停利的方式很多，有**最高點拉回固定點數移動停利法**（券商有提供此停利方法）、**均線移動停利法**（技術分析派才用的方式）、**近期K棒移動停利法**（海龜派的停利方式）、**轉折高低點移動停利法**（主觀交易者常用的停利方式）。我在做人工主觀交易的時候，會坐在電腦前面不斷去改變停利的價格，因為專職交易需要全程盯著盤面，但未來台指期

營業時間拉長，下午到晚上到半夜都有行情，一天18、19個小時，沒有辦法這樣長時間坐在電腦前面，且對健康無益，所以我開發了一個半自動下單軟體，可以在我主觀交易人工進場以後，交給電腦接管，用程式交易幫我照顧投資部位，包括移動停利、賺錢加碼和獲利減碼。

　　時代在改變，工具也要創新。這是全世界首創半自動交易的下單軟體，我希望台灣人的創意也能夠讓世界刮目相看。想要了解的投資人可以上網搜尋：WINSMART聰明贏，或是拜訪我們的
網址：HTTP://OPTREE.COM.TW/AD/
WINSMART.HTML

▲ 圖2　WINSMART 聰明贏軟體可以幫你移動停利＋自動加碼

獨孤求敗選擇權獲利祕技：多空盤都能賺的入門
5堂課 / 獨孤求敗著. -- 初版. -- 臺北市：今周刊,
2017.04
　　面；　公分. -- (投資贏家系列；IN10022)
ISBN 978-986-93511-9-5(平裝)

1.選擇權 2.投資技術 3.投資分析

563.536　　　　　　　　　　　　　　106005200

投資贏家系列 IN10022

獨孤求敗選擇權獲利祕技：
多空盤都能賺的入門 5 堂課

作　　者：獨孤求敗
副總編輯：陳雅如
行銷企劃：胡弘一
內文排版：健呈電腦排版股份有限公司
封面設計：萬勝安
校　　對：王翠英、黃義傑
圖片來源：玉山綜合證券股份有限公司 A⁺ 網路下單平台

出 版 者：今周刊出版社股份有限公司
發 行 人：謝金河
社　　長：梁永煌
總　　監：陳智煜
地　　址：台北市南京東路一段96號8樓
電　　話：886-2-2581-6196
傳　　真：886-2-2531-6433
讀者專線：886-2-2581-6196轉1
劃撥帳號：19865054
戶　　名：今周刊出版社股份有限公司
網　　址：http://www.businesstoday.com.tw

總 經 銷：大和書報股份有限公司
電　　話：886-2-8990-2588
製版印刷：緯峰印刷股份有限公司

初版一刷：2017 年 4 月
定　　價：320元

Investment

Investment